한방에 끝내는 なるほど 일본어 펜맨십

한방에 끝내는 なるほど 일본어 펜맨십

한방에 끝내는 なるほど 일본어 펜맨십

한방에 끝내는 なるほど 일본어 펜맨십

한방에 끝내는 なるほど
_{나 루 호 도}
일본어 펜맨십

예스북

한방에 끝내는 なるほど
일본어 펜맨십

초판 1쇄 인쇄 2009년 7월 1일
　　　　발행 2009년 7월 7일

저　자 | 이현정
펴낸이 | 양봉숙
디자인 | 김선희
편　집 | 김규영
마케팅 | 이주철

펴 낸 곳 | 예스북
출판등록 | 2005년 3월 21일 제320-2005-25호
주　　소 | 서울시 마포구 노고산동 57-46 아이스페이스 1107호
전　　화 | (02) 337-3053
팩　　스 | (02) 337-3054
E-mail | yesbooks@naver.com
홈페이지 | www.e-yesbook.co.kr

ISBN 978-89-92197-40-3 18730

값 7,000원

ⓒ 예스북, 2005. Printed in Korea.

머리말

　이 책을 선택하신 많은 분들이, 어떤 이유에서든 일본어 공부를 시작하기로 결심한 분들이라고 생각한다. 향후 대학에서 일본어를 전공할 분, 비즈니스에서 일본어를 사용하셔야 하는 분, 여행 등에 사용할 목적으로 일본어를 조금이나마 구사하길 원하는 분 등등, 추구하는 목적은 다양할 것이다. 이런 모든 분들이 본격적으로 일본어 공부를 시작하기 전에 반드시 거쳐야 하는 필수기초단계가 있다. 그것이 바로 일본어의 기본글자인 히라가나와 카타카나를 익히는 일이다.

　일본어는 히라가나, 카타카나, 한자로 구성되어 있으며, 특히 히라가나와 카타카나를 익히지 않으면 일본어 학습을 시작할 수가 없다. 히라가나는 고유의 일본어 및 한자어에 주로 사용되며 카타카나는 주로 외래어, 고유명사 등을 표현할때 사용된다.

　그리고 처음부터 히라가나와 카타카나를 정확하고 바르게 익히는 게 무엇보다도 중요하다. 잘못 익힌 글자들을 일본어 학습이 한창 진행된 후에 고치기는 참으로 힘든 일이다. 세살버릇 여든까지 간다고 하지 않는가.

　이 책은 여러분들이 히라가나와 카타카나를 처음부터 하나하나 정확하고 바르게 익혀 나갈 수 있도록 알기쉽게, 상세히 안내해 드릴 것이다. 이 책을 통해 히라가나와 카타카나를 정확히 익힌 여러분들이 각자의 목표를 달성할 수 있도록 일본어를 자유자재로 구사하게 되는 그날을 그리며, 여러분들의 건투를 비는 바이다.

이 현 정

오십음도

히라가나 MP3
↓ 행(모음)　→ 단(자음)

행＼단	あ단	い단	う단	え단	お단
あ행	あ	い	う	え	お
か행	か	き	く	け	こ
さ행	さ	し	す	せ	そ
た행	た	ち	つ	て	と
な행	な	に	ぬ	ね	の
は행	は	ひ	ふ	へ	ほ
ま행	ま	み	む	め	も
や행	や		ゆ		よ
ら행	ら	り	る	れ	ろ
わ행	わ				を
	ん				

카타카나

↓ 행(모음) → 단(자음)

행＼단	**ア**단	**イ**단	**ウ**단	**エ**단	**オ**단
ア행	ア	イ	ウ	エ	オ
カ행	カ	キ	ク	ケ	コ
サ행	サ	シ	ス	セ	ソ
タ행	タ	チ	ツ	テ	ト
ナ행	ナ	ニ	ヌ	ネ	ノ
ハ행	ハ	ヒ	フ	ヘ	ホ
マ행	マ	ミ	ム	メ	モ
ヤ행	ヤ		ユ		ヨ
ラ행	ラ	リ	ル	レ	ロ
ワ행	ワ				ヲ
	ン				

발음

1. 발음(撥音) - 「ん」

「ん」는 단어의 첫머리에는 오지 않고, 우리말의 받침, [ㄴ, ㅁ, ㅇ] 와 같은 역할을 한다. 뒤에 오는 글자에 따라서 발음이 달라진다.

① 「さ、ざ、た、だ、な、ら」행 앞에서는, [n(ㄴ)] 으로 발음된다

べんり [benri 벤리] 편리
おんど [ondo 온도] 온도
いんしょう [insho- 인쇼-] 인상
れんらく [renrak 렌라크] 연락
てんじかい [tenjikai 텐지카이] 전시회

② 「ま、ば、ぱ」행 앞에서는, [m(ㅁ)] 으로 발음된다.

とんぼ [tombo 톰보] 잠자리
こんぶ [kombu 콤부] 다시마
あかんぼう [akambo- 아캄보-] 갓난아기
さんま [samma 삼마] 꽁치
あんま [amma 암마] 안마

③ 「か、が」행 앞에서는, [ŋ(ㅇ)] 으로 발음된다

りんご [riŋgo 링고] 사과
ほんき [hoŋki 홍키] 진심
にんき [niŋki 닝키] 인기
えんげき [eŋgeki 엥게키] 연극
でんき [deŋki 뎅키] 전기

④ 「は、や、わ」행과 모음앞, 단어의 맨끝에서는 [N(ㄴ과ㅇ의 중간발음)] 으로 발음된다

ほん [hoN] 책
ふんいき [fuNiki] 분위기
ほんや [hoNya] 책방
てんいん [teNiN] 점원
としょかん [toshokaN] 도서관

2. 촉음(促音) - 「っ」

「っ」는 우리말의 받침, [ㅋ, ㅅ, ㅌ, ㅍ] 과 같은 역할을 한다. 뒤에 오는 글자에 따라서 발음이 달라진다.

① 「か」행 앞에서는, [k(ㅋ)] 로 발음된다.

がっこう [gakko- 각코-] 학교
がっき [gakki 각키] 악기
にっき [nikki 닉키] 일기
けっか [kekka 켁카] 결과
こっか [kokka 콕카] 국가

② 「さ」행 앞에서는, [s(ㅅ)] 로 발음된다.

けっせき [kesseki 켓세키] 결석
れっしゃ [ressha 렛샤] 열차
さっそく [sassoku 삿소쿠] 즉시
ざっし [zassi 잣시] 잡지
じっせん [zissen 짓센] 실천

③ 「た」행 앞에서는, [t(ㅌ)] 로 발음된다.

きって [kitte 킽테] 우표
きっと [kitto 킽토] 꼭, 반드시
じったい [zittai 짙타이] 실태
なっとく [nattoku 낱토쿠] 납득
ねったい [nettai 넽타이] 열대

④ 「ぱ」행 앞에서는, [p(ㅍ)] 로 발음된다.

きっぷ [kippu 킾쁘] 표
はっぴょう [happyo- 핲뾰-] 발표
はっぴゃく [happyaku 핲빠크] 8백
しっぱい [sippai 싶빠이] 실패
しっぽ [sippo 싶뽀] 꼬리
しっぴつ [sippitsu 싶삐쯔] 집필

CONTENTS

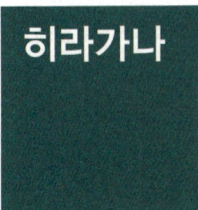
히라가나

あ행 · · · · · · · · · · 16
か행 · · · · · · · · · · 18
연습문제 · · · · · · · 20
さ행 · · · · · · · · · · 22
た행 · · · · · · · · · · 24
연습문제 · · · · · · · 26
な행 · · · · · · · · · · 28
は행 · · · · · · · · · · 30
연습문제 · · · · · · · 32
ま행 · · · · · · · · · · 34
や행 · · · · · · · · · · 36
연습문제 · · · · · · · 38
ら행 · · · · · · · · · · 40
わ행 · · · · · · · · · · 42
연습문제 · · · · · · · 44
が행 · · · · · · · · · · 46
ざ행 · · · · · · · · · · 48
だ행 · · · · · · · · · · 50
ば행 · · · · · · · · · · 52
ぱ행 · · · · · · · · · · 54
きゃ・きゅ・きょ / ぎゃ・ぎゅ・ぎょ · · · · · 56
しゃ・しゅ・しょ / じゃ・じゅ・じょ · · · · · 58
ちゃ・ちゅ・ちょ / にゃ・にゅ・にょ · · · · · 60
ひゃ・ひゅ・ひょ / びゃ・びゅ・びょ · · · · · 62
ぴゃ・ぴゅ・ぴょ / みゃ・みゅ・みょ · · · · · 64
りゃ・りゅ・りょ / っ · · · · · · · · · · · · · · 66
히라가나 받아쓰기 · · · · · · · · · · · · · · · · 68

카타카나

ア행	70
カ행	72
연습문제	74
サ행	76
タ행	78
연습문제	80
ナ행	82
ハ행	84
연습문제	86
マ행	88
ヤ행	90
연습문제	92
ラ행	94
ワ행	96
연습문제	98
ガ행	100
ザ행	102
ダ행	104
バ행	106
パ행	108
キャ・キュ・キョ / ギャ・ギュ・ギョ	110
シャ・シュ・ショ / ジャ・ジュ・ジョ	112
チャ・チュ・チョ / ニャ・ニュ・ニョ	114
ヒャ・ヒュ・ヒョ / ビャ・ビュ・ビョ	116
ピャ・ピュ・ピョ / ミャ・ミュ・ミョ	118
リャ・リュ・リョ / ッ	120
카타카나 받아쓰기	122

책의 특징 및 구성

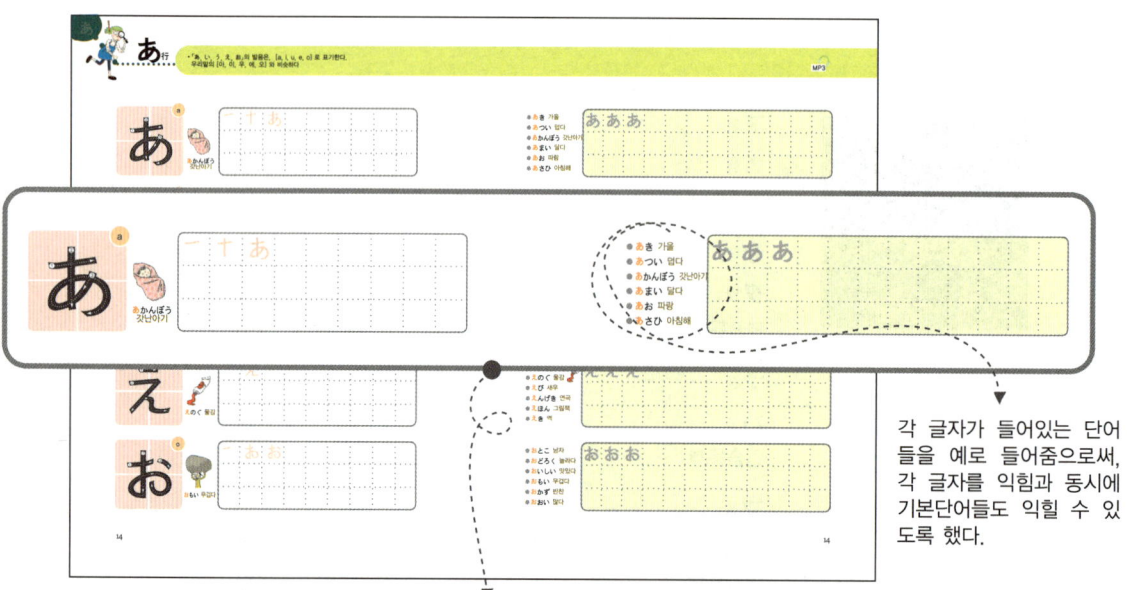

각 글자가 들어있는 단어들을 예로 들어줌으로써, 각 글자를 익힘과 동시에 기본단어들도 익힐 수 있도록 했다.

히라가나와 카타카나를 쓰는 순서부터 먼저 알기쉽게 설명하고, 다음 페이지에서 반복 쓰기 연습을 할 수 있도록 구성했다.

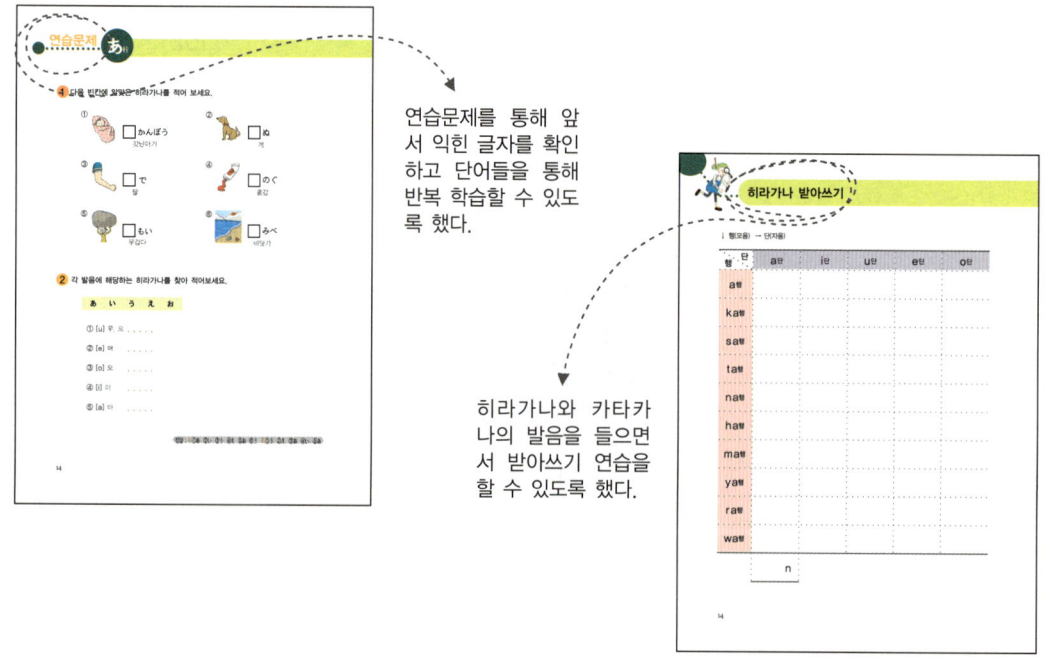

연습문제를 통해 앞서 익힌 글자를 확인하고 단어들을 통해 반복 학습할 수 있도록 했다.

히라가나와 카타카나의 발음을 들으면서 받아쓰기 연습을 할 수 있도록 했다.

… 히라가나

あ行

- 「あ、い、う、え、お」의 발음은 [a, i, u, e, o]로 표기한다.
  우리말의 [아, 이, 우, 에, 오]와 비슷하다

あ a — あかんぼう 갓난아기

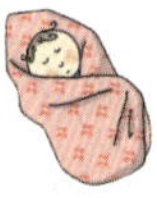

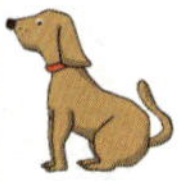

い i — いぬ 개

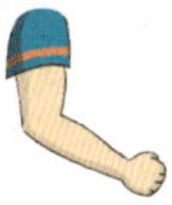

う u — うで 팔

え e — えのぐ 물감

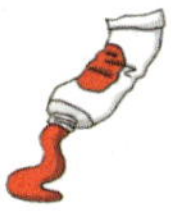

お o — おもい 무겁다

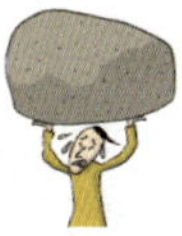

- **あ**き 가을
- **あ**つい 덥다
- **あ**かんぼう 갓난아기
- **あ**まい 달다
- **あ**お 파랑
- **あ**さひ 아침해

あ あ あ

- **い**ぬ 개
- **い**く 가다
- **い**たい 아프다
- **い**わ 바위
- **い**し 돌
- **い**しゃ 의사

い い い

- **う**た 노래
- **う**ま 말
- **う**みべ 바닷가
- **う**れしい 기쁘다
- **う**で 팔
- **う**ら 뒷면

う う う

- **え**いが 영화
- **え**のぐ 물감
- **え**び 새우
- **え**んげき 연극
- **え**ほん 그림책
- **え**き 역

え え え

- **お**とこ 남자
- **お**どろく 놀라다
- **お**いしい 맛있다
- **お**もい 무겁다
- **お**かず 반찬
- **お**おい 많다

お お お

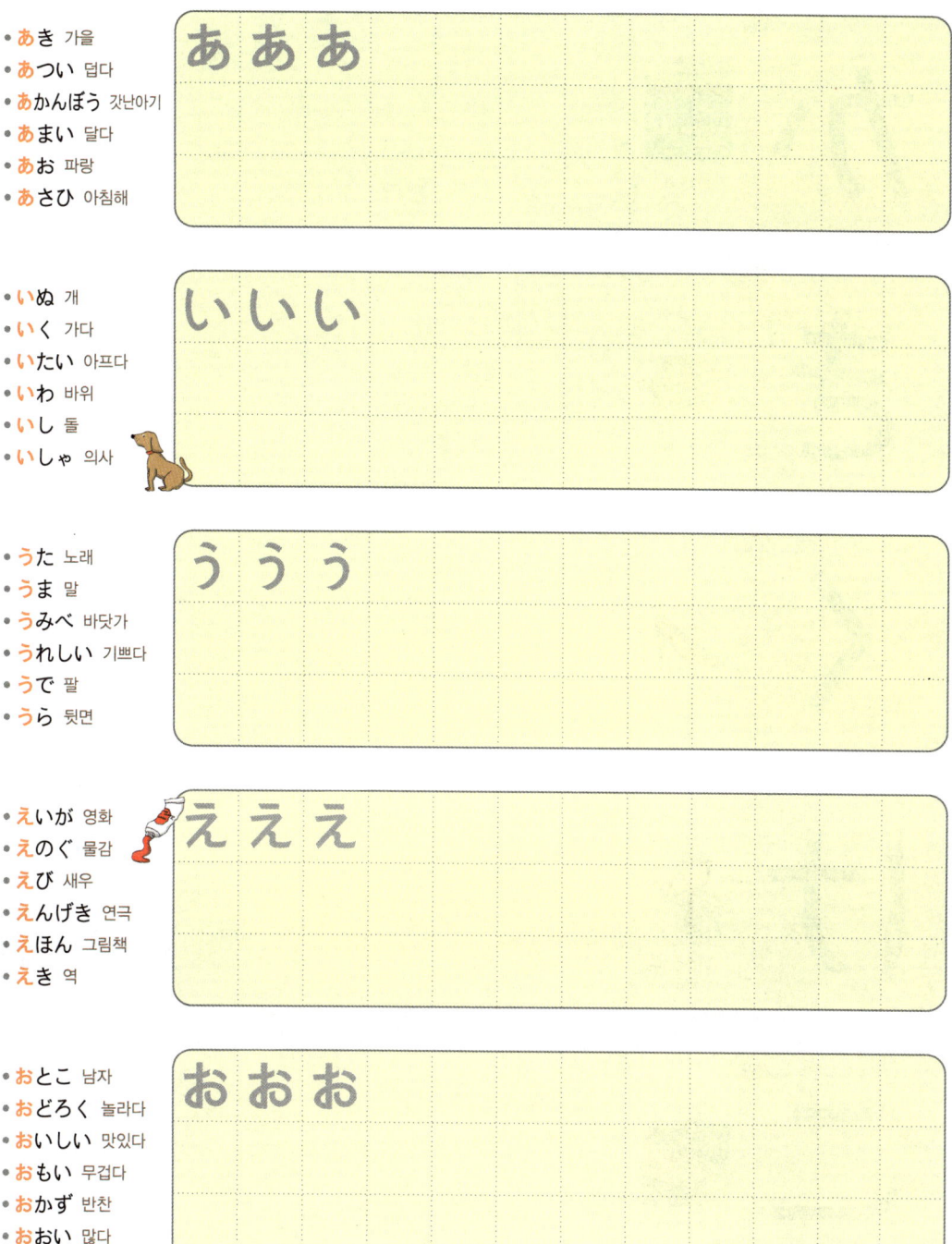

か行

- 「か、き、く、け、こ」의 발음은 [ka, ki, ku, ke, ko]로 표기한다. 우리말의 [카, 키, 쿠, 케, 코]와 비슷하다.

ka か / かわ 강 / つ か か

ki き / きん 금 / 一 二 き

ku く / くつ 구두 / く

ke け / けいさつかん 경찰관 / l l‐ け

ko こ / こうえん 공원 / こ

- **か**ぞく 가족
- **か**らだ 몸
- **か**みのけ 머리카락
- **か**わ 강
- **か**るい 가볍다
- **か**しゅ 가수

かかか

- **き**ん 금
- **き**たない 더럽다
- **き**り 안개
- **き**んじょ 근처
- **き**ず 상처
- **き**りつ 규율

ききき

- **く**も 구름
- **く**ろ 검은색
- **く**すり 약
- **く**じら 고래
- **く**ま 곰
- **く**つ 구두

くくく

- **け**いさつかん 경찰관
- **け**しき 경치
- **け**いやく 계약
- **け**いさん 계산
- **け**っこん 결혼
- **け**いひ 경비

けけけ

- **こ**うえん 공원
- **こ**うずい 홍수
- **こ**おり 얼음
- **こ**ども 어린이
- **こ**んぶ 다시마
- **こ**いびと 애인

こここ

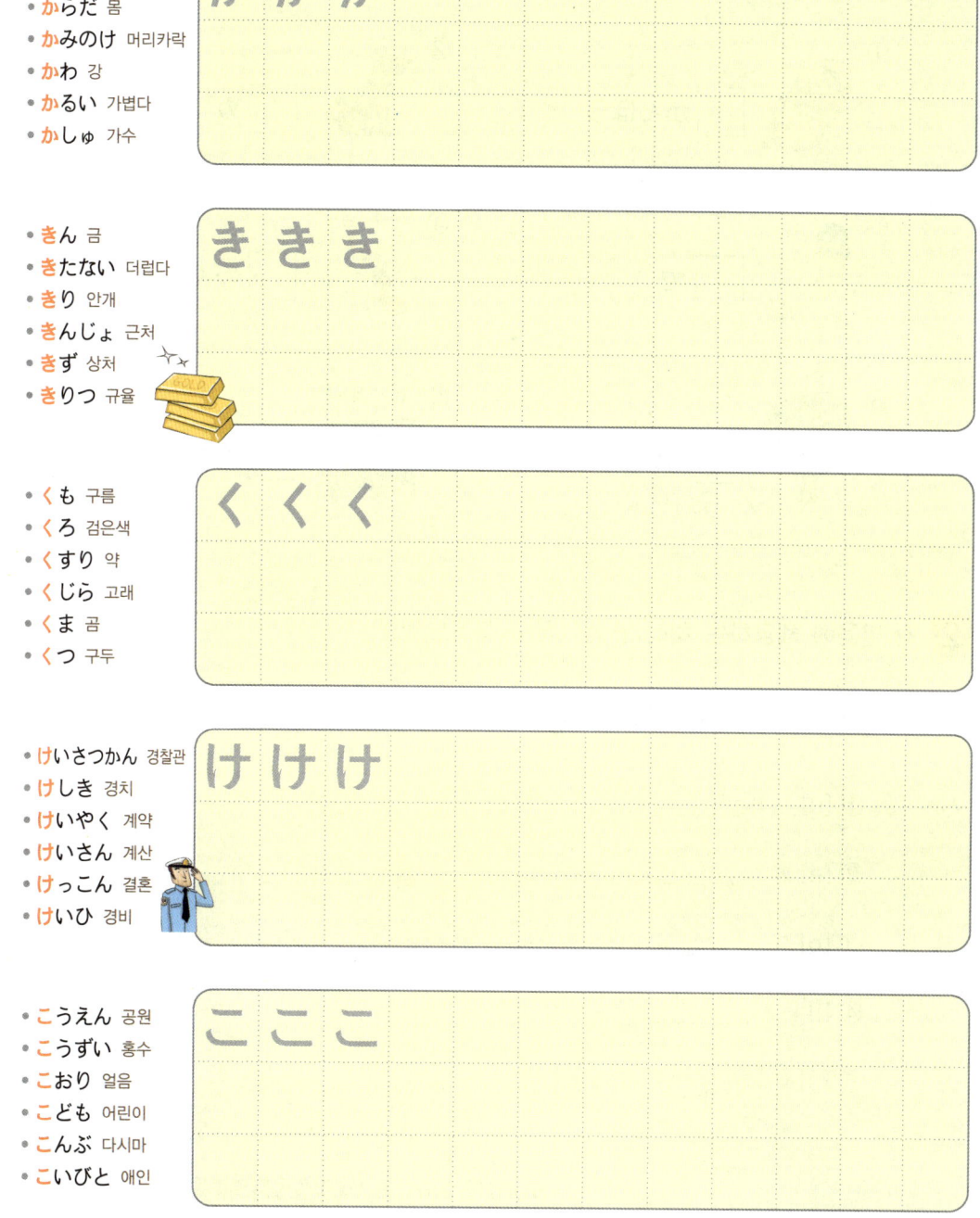

연습문제 あ行

1 다음 빈칸에 알맞은 히라가나를 적어 보세요.

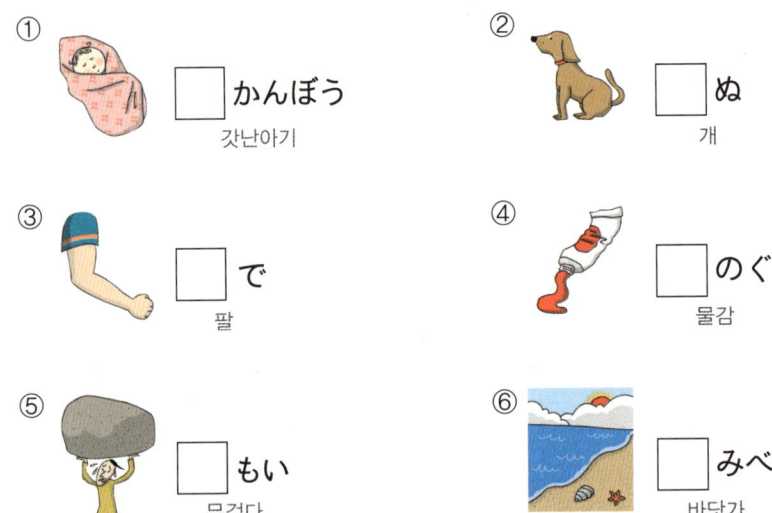

① □かんぼう 갓난아기
② □ぬ 개
③ □で 팔
④ □のぐ 물감
⑤ □もい 무겁다
⑥ □みべ 바닷가

2 각 발음에 해당하는 히라가나를 찾아 적어보세요.

あ い う え お

① [u] 우, 으 ....
② [e] 에 ....
③ [o] 오 ....
④ [i] 이 ....
⑤ [a] 아 ....

정답 : **1** ①あ ②い ③う ④え ⑤お ⑥う **2** ①う ②え ③お ④い ⑤あ

か 行

1 다음 빈칸에 알맞은 히라가나를 적어 보세요.

① ☐わ 강
② ☐ん 금
③ ☐つ 구두
④ ☐いさつかん 경찰관
⑤ ☐うえん 공원
⑥ ☐も 구름

2 각 발음에 해당하는 히라가나를 찾아 적어보세요.

| か | き | く | け | こ |

① [ko] 코 ....

② [ka] 카 ....

③ [ku] 쿠, 크 ....

④ [ki] 키 ....

⑤ [ke] 케 ....

정답 : 1 ①か ②き ③く ④け ⑤こ ⑥く 2 ①こ ②か ③く ④き ⑤け

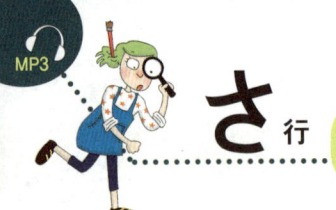

さ行

- 「さ、し、す、せ、そ」의 발음은 [sa, shi, su, se, so]로 표기한다.
  우리말의 [사, 시, 스, 세, 소]와 비슷하다.

さ sa

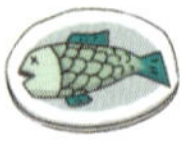

さかな 생선

一 さ

し shi

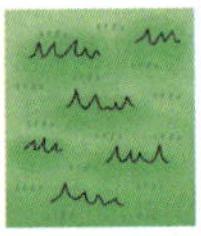

しばふ 잔디

し

す su

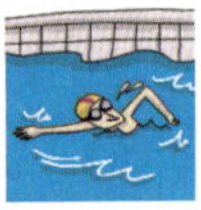

すいえい 수영

一 す

せ se

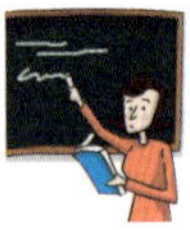

せんせい 선생님

一 ナ せ

そ so

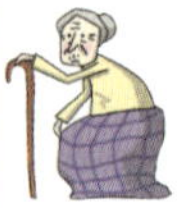

そぼ 할머니

そ

- **さ**く (꽃이)피다
- **さ**むい 춥다
- **さ**いふ 지갑
- **さ**かみち 비탈길
- **さ**かな 생선
- **さ**くひん 작품

さ さ さ

- **し**ま 섬
- **し**ばい 연극
- **し**ぶい 떫다
- **し**ばふ 잔디
- **し**あい 시합
- **し**くみ 구조

し し し

- **す**いえい 수영
- **す**う 들이쉬다
- **す**がた 모습
- **す**くない 적다
- **す**わる 앉다
- **す**な 모래

す す す

- **せ**いと 학생
- **せ**んせい 선생님
- **せ**かい 세계
- **せ**いべつ 성별
- **せ**いかつ 생활
- **せ**つやく 절약

せ せ せ

- **そ**うじき 청소기
- **そ**める 물들이다
- **そ**ぼ 할머니
- **そ**ろそろ 슬슬
- **そ**うきん 송금
- **そ**ら 하늘

そ そ そ

た 行

- 「た、ち、つ、て、と」의 발음은 [ta, chi, tsu, te, to]로 표기한다. 우리말의 [타, 치, 츠, 테, 토]와 비슷하다.

ta た 
たき 폭포

chi ち 
ちいさい 작다

tsu つ 
つき 달

te て 
てがみ 편지

to と 
とけい 시계

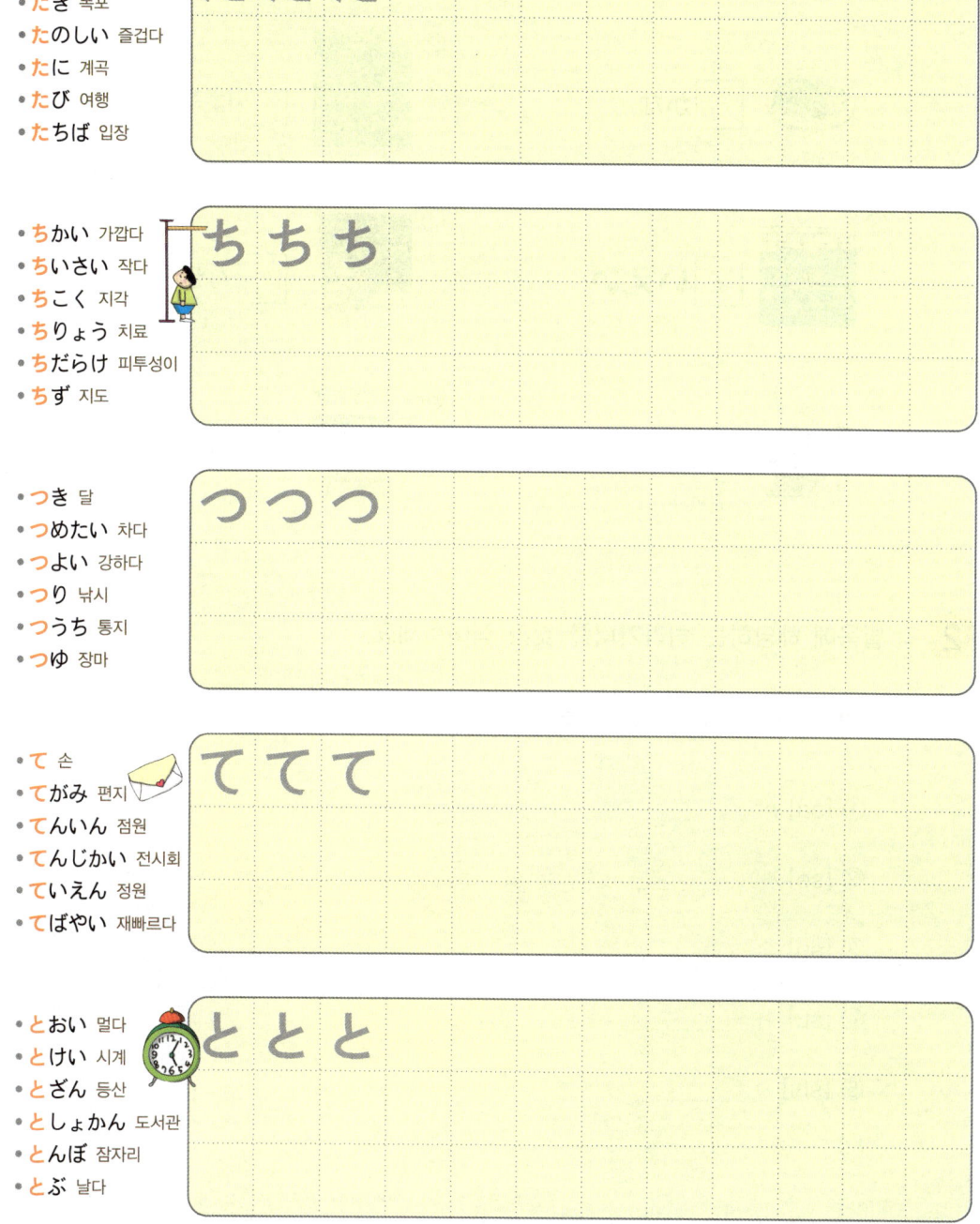

- **た**かい 비싸다
- **た**き 폭포
- **た**のしい 즐겁다
- **た**に 계곡
- **た**び 여행
- **た**ちば 입장

たたた

- **ち**かい 가깝다
- **ち**いさい 작다
- **ち**こく 지각
- **ち**りょう 치료
- **ち**だらけ 피투성이
- **ち**ず 지도

ちちち

- **つ**き 달
- **つ**めたい 차다
- **つ**よい 강하다
- **つ**り 낚시
- **つ**うち 통지
- **つ**ゆ 장마

つつつ

- **て** 손
- **て**がみ 편지
- **て**んいん 점원
- **て**んじかい 전시회
- **て**いえん 정원
- **て**ばやい 재빠르다

てての

- **と**おい 멀다
- **と**けい 시계
- **と**ざん 등산
- **と**しょかん 도서관
- **と**んぼ 잠자리
- **と**ぶ 날다

ととと

연습문제 さ行

1 다음 빈칸에 알맞은 히라가나를 적어 보세요.

① ☐かな 생선

② ☐ばふ 잔디

③ ☐いえい 수영

④ ☐んせい 선생님

⑤ ☐ぼ 할머니

⑥ ☐な 모래

2 각 발음에 해당하는 히라가나를 찾아 적어보세요.

さ し す せ そ

① [sa] 사 ....

② [se] 세 ....

③ [so] 소 ....

④ [su] 수, 스 ....

⑤ [shi] 시 ....

정답 : 1 ①さ ②し ③す ④せ ⑤そ ⑥す 2 ①さ ②せ ③そ ④す ⑤し

 た行

1 다음 빈칸에 알맞은 히라가나를 적어 보세요.

① ☐き 폭포　　② ☐いさい 작다

③ ☐き 달　　④ ☐がみ 편지

⑤ ☐けい 시계　　⑥ ☐ざん 등산

2 각 발음에 해당하는 히라가나를 찾아 적어보세요.

| た | ち | つ | て | と |

① [tsu] 츠, 쯔　..................

② [chi] 치, 찌　..................

③ [ta] 타　..................

④ [to] 토　..................

⑤ [te] 테　..................

정답 : **1** ①た ②ち ③つ ④て ⑤と ⑥と **2** ①つ ②ち ③た ④と ⑤て

な行

- 「な、に、ぬ、ね、の」의 발음은 [na, ni, nu, ne, no]로 표기한다.
  우리말의 [나, 니, 느, 네, 노]와 비슷하다.

na な — ながい 길다
ーナナな

ni に — にじ 무지개
ㅣにに

nu ぬ — ぬれる 젖다
㇑ぬ

ne ね — ねこ 고양이
㇑ね

no の — のり 김
の

- **な**がい 길다
- **な**く 울다
- **な**つ 여름
- **な**べ 냄비
- **な**だれ 눈사태
- **な**みだ 눈물

な な な

- **に**じ 무지개
- **に**わ 정원
- **に**ぶい 둔하다
- **に**もつ 짐
- **に**んげん 인간
- **に**んき 인기

に に に

- **ぬ**ぐ 벗다
- **ぬ**れる 젖다
- **ぬ**く 뽑다
- **ぬ**けがら 빈껍질
- **ぬ**すむ 훔치다
- **ぬ**いぐるみ 봉제인형

ぬ ぬ ぬ

- **ね**むい 졸리다
- **ね**つ 열
- **ね**こ 고양이
- **ね** 뿌리
- **ね**んがじょう 연하장
- **ね**いろ 음색

ね ね ね

- **の**む 마시다
- **の**り 김
- **の**こぎり 톱
- **の**はら 들판
- **の**うそん 농촌
- **の**る (버스등에) 타다

の の の

29

は行

- 「は、ひ、ふ、へ、ほ」의 발음은 [ha, hi, hu, he, ho]로 표기한다. 우리말의 [하, 히, 흐, 헤, 호]와 비슷하다.

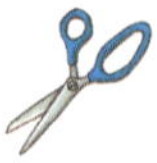

は ha — はさみ 가위

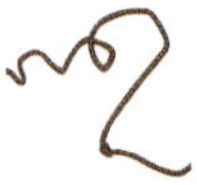

ひ hi — ひも 끈

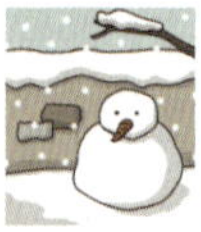

ふ hu — ふゆ 겨울

へ he — へや 방

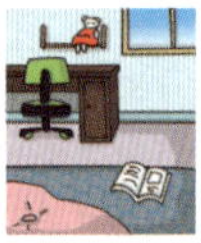

ほ ho — ほん 책

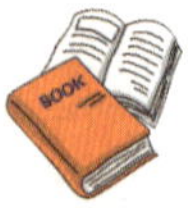

- **は**がき 엽서
- **は**し 다리
- **は**こ 상자
- **は**さみ 가위
- **は**な 꽃
- **は**やい 빠르다

は は は

- **ひ**くい 낮다
- **ひ**も 끈
- **ひ**ろば 광장
- **ひ**れ 지느러미
- **ひ**ろい 넓다
- **ひ**まん 비만

ひ ひ ひ

- **ふ**うとう 봉투
- **ふ**かい 깊다
- **ふ**ぶき 눈보라
- **ふ**ゆ 겨울
- **ふ**るい 오래되다
- **ふ**うふ 부부

ふ ふ ふ

- **へ**んか 변화
- **へ**る 줄다
- **へ**や 방
- **へ**んじ 회신
- **へ**きめん 벽면
- **へ**いじつ 평일

へ へ へ

- **ほ**うこう 방향
- **ほ**し 별
- **ほ**そい 가늘다
- **ほ**す 말리다
- **ほ**たる 개똥벌레
- **ほ**ん 책

ほ ほ ほ

31

연습문제 な行

1 다음 빈칸에 알맞은 히라가나를 적어 보세요.

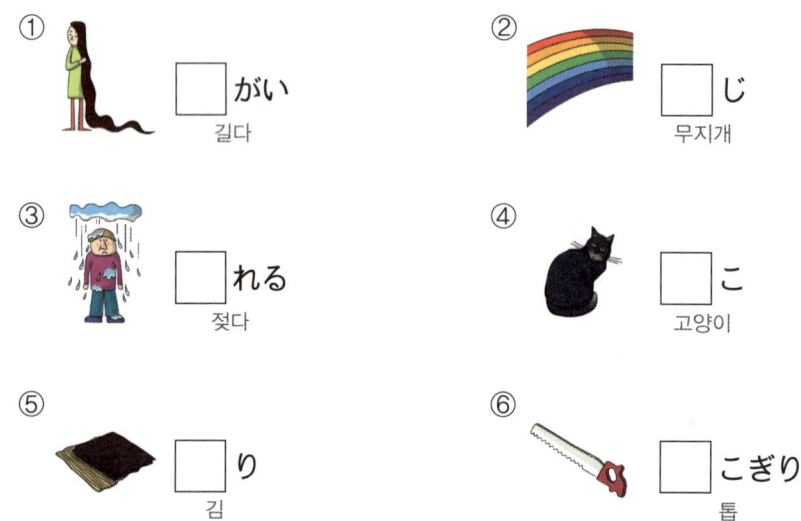

① ☐がい 길다
② ☐じ 무지개
③ ☐れる 젖다
④ ☐こ 고양이
⑤ ☐り 김
⑥ ☐こぎり 톱

2 각 발음에 해당하는 히라가나를 찾아 적어보세요.

な　に　ぬ　ね　の

① [na] 나　.................
② [ne] 네　.................
③ [no] 노　.................
④ [nu] 누, 느　.................
⑤ [ni] 니　.................

정답 : **1** ①な ②に ③ぬ ④ね ⑤の ⑥の **2** ①な ②ね ③の ④ぬ ⑤に

は行

1 다음 빈칸에 알맞은 히라가나를 적어 보세요.

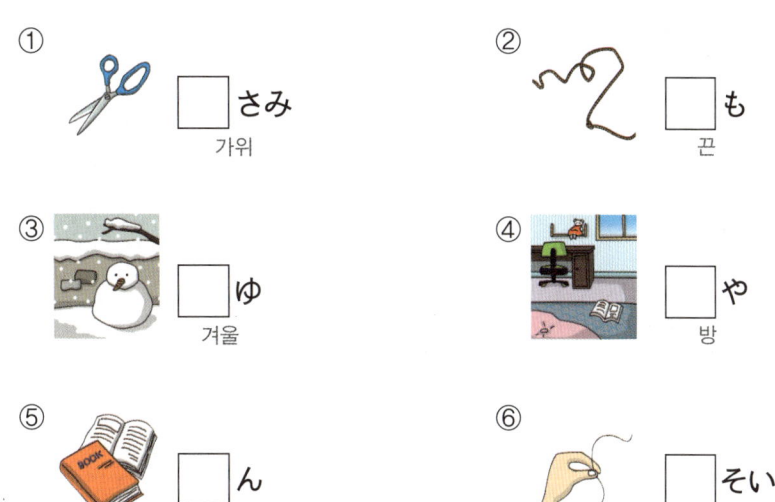

① ☐さみ 가위
② ☐も 끈
③ ☐ゆ 겨울
④ ☐や 방
⑤ ☐ん 책
⑥ ☐そい 가늘다

2 각 발음에 해당하는 히라가나를 찾아 적어보세요.

| は | ひ | ふ | へ | ほ |

① [hu] 후, 흐 ....
② [ho] 호 ....
③ [he] 헤 ....
④ [hi] 히 ....
⑤ [ha] 하 ....

정답 : 1 ①は ②ひ ③ふ ④へ ⑤ほ ⑥ほ 2 ①ふ ②ほ ③へ ④ひ ⑤は

ま行

- 「ま、み、む、め、も」의 발음은 [ma, mi, mu, me, mo]로 표기한다. 우리말의 [마, 미, 므, 메, 모]와 비슷하다.

ma ま
まるい 둥글다

mi み
みみ 귀

mu む
むすめ 딸

me め
めがね 안경

mo も
もみじ 단풍

- **ま**く 감다
- **ま**ずい 맛없다
- **ま**なつ 한여름
- **ま**るい 둥글다
- **ま**よう 헤매다
- **ま**ずしい 가난하다

まままま

- **み**ずうみ 호수
- **み**そ 된장
- **み**なと 항구
- **み**み 귀
- **み**じかい 짧다
- **み**ず 물

みみみ

- **む**す 찌다
- **む**ずかしい 어렵다
- **む**ね 가슴
- **む**ら 마을
- **む**すめ 딸
- **む**すぶ 맺다

むむむ

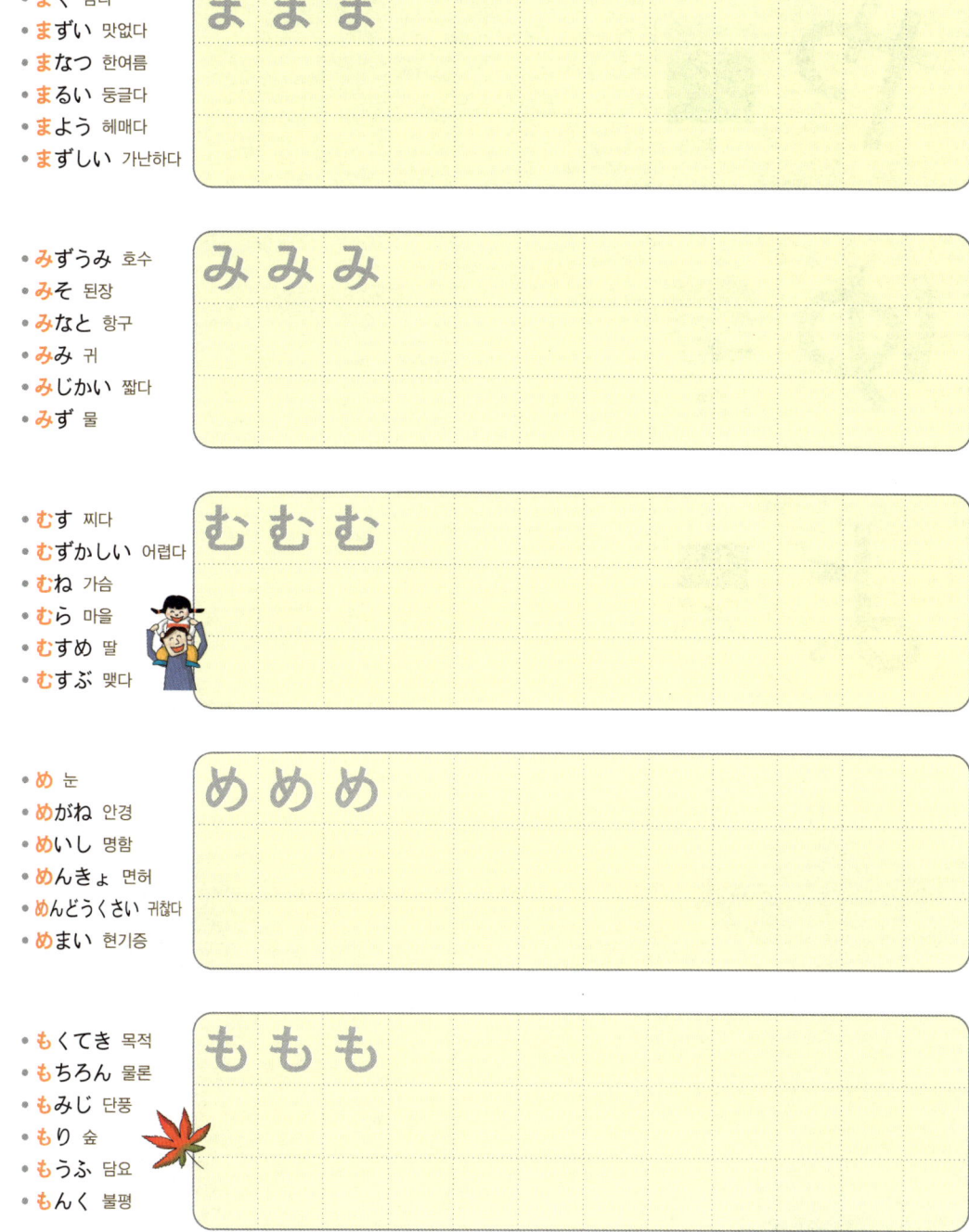

- **め** 눈
- **め**がね 안경
- **め**いし 명함
- **め**んきょ 면허
- **め**んどうくさい 귀찮다
- **め**まい 현기증

めめめ

- **も**くてき 목적
- **も**ちろん 물론
- **も**みじ 단풍
- **も**り 숲
- **も**うふ 담요
- **も**んく 불평

もももも

35

- 「や、ゆ、よ」의 발음은 [ya, yu, yo]로 표기한다. 우리말의 [야, 유, 요]와 비슷하다.

- **や**くそく 약속
- **や**く 굽다
- **や**くめ 역할
- **や**すい 싸다
- **や**ま 산
- **や**わらかい 부드럽다

や や や

- **ゆ**うき 용기
- **ゆ**か 마루
- **ゆ**うびん 우편
- **ゆ**き 눈(겨울에 내리는 눈)
- **ゆ**び 손가락
- **ゆ**るす 용서하다

ゆ ゆ ゆ

- **よ**る 밤
- **よ**こ 옆
- **よ**ぞら 밤하늘
- **よ**ぶ 부르다
- **よ**む 읽다
- **よ**やく 예약

よ よ よ

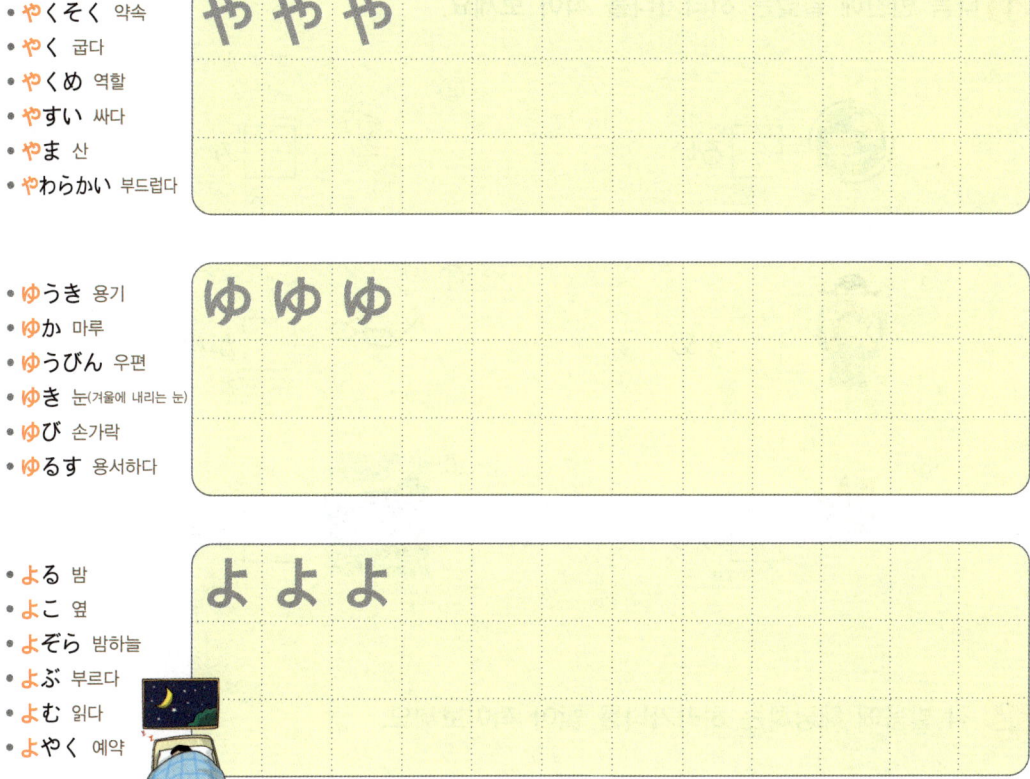

37

연습문제 ま行

1 다음 빈칸에 알맞은 히라가나를 적어 보세요.

① ☐るい 둥글다

② ☐み 귀

③ ☐すめ 딸

④ ☐がね 안경

⑤ ☐みじ 단풍

⑥ ☐ずうみ 호수

2 각 발음에 해당하는 히라가나를 찾아 적어보세요.

| ま | み | む | め | も |

① [ma] 마 ....

② [me] 메 ....

③ [mo] 모 ....

④ [mu] 무, 므 ....

⑤ [mi] 미 ....

정답 : 1 ①ま ②み ③む ④め ⑤も ⑥み 2 ①ま ②め ③も ④む ⑤み

 や行

1 다음 빈칸에 알맞은 히라가나를 적어 보세요.

① ☐ま 산
② ☐き (겨울에 내리는) 눈
③ ☐る 밤
④ ☐む 읽다
⑤ ☐び 손가락
⑥ ☐か 마루

2 각 발음에 해당하는 히라가나를 찾아 적어보세요.

や ゆ よ

① [yo] 요 ....

② [ya] 야 ....

③ [yu] 유 ....

정답: **1** ①や ②ゆ ③よ ④よ ⑤ゆ ⑥ゆ **2** ①よ ②や ③ゆ

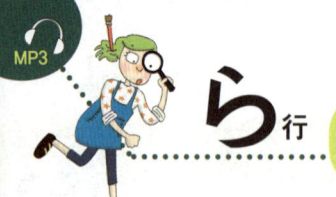

ら行

• 「ら、り、る、れ、ろ」의 발음은 [ra, ri, ru, re, ro]로 표기한다.
우리말의 [라, 리, 르, 레, 로]와 비슷하다.

ra

ら

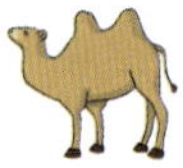

らくだ 낙타

ら

ri

り

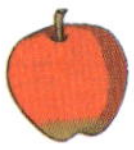

りんご 사과

り

ru

る

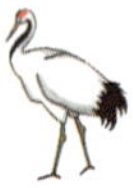

つる 학

る

re

れ

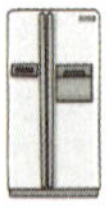

れいぞうこ 냉장고

れ

ro

ろ

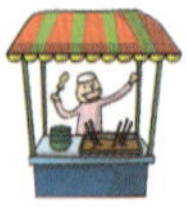

ろてん 노점

ろ

- **ら**くだ 낙타
- **ら**くたん 낙담
- **ら**しんばん 나침반
- **ら**せん 나선
- **ら**くだい 낙제
- **ら**くのう 낙농

らららら

- **り**ゆう 이유
- **り**んご 사과
- **り**えき 이익
- **り**かい 이해
- **り**りく 이륙
- **り**てん 이점

りりり

- **る**す 부재
- **る**いじ 유사
- **る**いせき 누적
- く**る**ま 차
- つ**る** 학
- は**る** 봄

るるる

- **れ**いぞうこ 냉장고
- **れ**んげ 연꽃
- **れ**んらく 연락
- **れ**んしゅう 연습
- **れ**んあい 연애
- **れ**きし 역사

れれれ

- **ろ**くおん 녹음
- **ろ**てん 노점
- **ろ**うそく 양초
- **ろ**うどう 노동
- **ろ**く 여섯
- **ろ**ば 당나귀

ろろろ

わ行

- 「わ」의 발음은 [wa] 로 표기하며 우리말의 [와]와 비슷하다.
- 「を」의 발음은 [wo] 로 표기하며 「お」와 발음이 같다. 우리말의 [오]와 비슷하며 조사로만 쓰인다.
- 「ん」는 뒤에 오는 글자에 따라서 [m, n, ŋ, N]으로 발음이 달라진다.

- **わ**だい 화제
- **わ**るい 나쁘다
- **わ**れる 깨지다
- **わ**らう 웃다
- **わ**いろ 뇌물
- **わ**かもの 젊은이

わ わ わ

- みず**を**のむ 물을 마시다
- テレビ**を**みる TV를 보다
- おんがく**を**きく 음악을 듣다

を を を

- ふ**ん**いき 분위기
- し**ん**ぶん 신문
- ほ**ん**や 책방
- お**ん**ど 온도
- い**ん**しょう 인상
- ほ**ん**き 진심

ん ん ん

연습문제 ら行

1 다음 빈칸에 알맞은 히라가나를 적어 보세요.

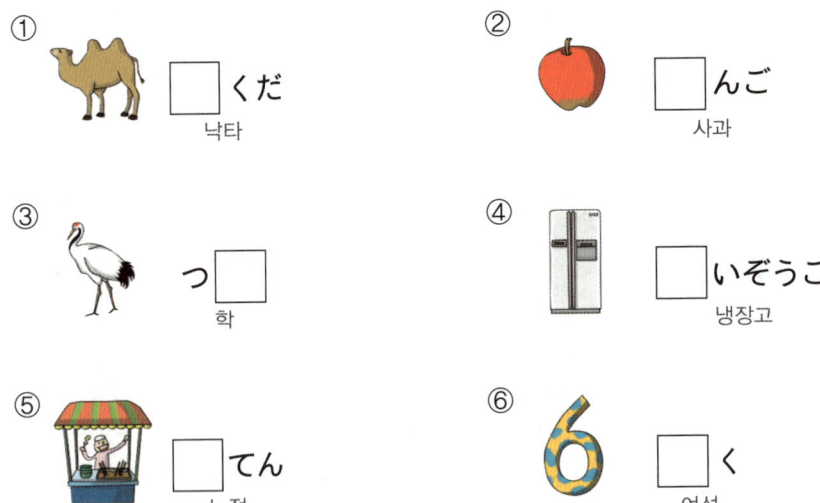

① ☐くだ 낙타
② ☐んご 사과
③ つ☐ 학
④ ☐いぞうこ 냉장고
⑤ ☐てん 노점
⑥ ☐く 여섯

2 각 발음에 해당하는 히라가나를 찾아 적어보세요.

| ら | り | る | れ | ろ |

① [ri] 리 ....
② [ru] 루, 르 ....
③ [re] 레 ....
④ [ro] 로 ....
⑤ [ra] 라 ....

정답: 1 ①ら ②り ③る ④れ ⑤ろ ⑥ろ 2 ①り ②る ③れ ④ろ ⑤ら

わ行

1 다음 빈칸에 알맞은 히라가나를 적어 보세요.

① ☐れる 깨지다
② し☐ぶん 신문
③ みず☐のむ 물을 마시다
④ ☐らう 웃다
⑤ ☐かもの 젊은이
⑥ ほ☐や 책방

2 각 발음에 해당하는 히라가나를 찾아 적어보세요.

わ を ん

① [wo] 오 ....
② [wa] 와 ....
③ [n] ㄴ, ㅁ, ㅇ ....

정답 : 1 ①わ ②ん ③を ④わ ⑤わ ⑥ん 2 ①を ②わ ③ん

MP3

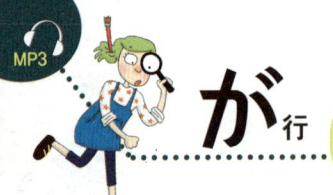

が行

• 「か」행 글자에 탁점(゛)을 붙인 탁음(濁音)으로 「が、ぎ、ぐ、げ、ご」이다.
우리말의 [가, 기, 그, 게, 고]와 비슷한 유성음이다.

が
ga

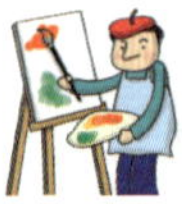

がか 화가

ぎ
gi

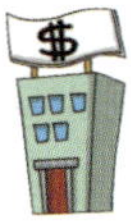

ぎんこう 은행

ぐ
gu

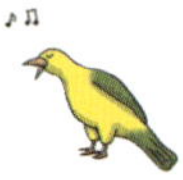

うぐいす 꾀꼬리

げ
ge

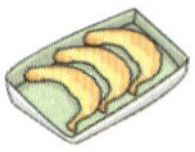

あげもの 튀김

ご
go

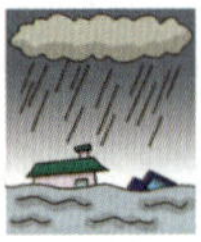

ごうう 호우

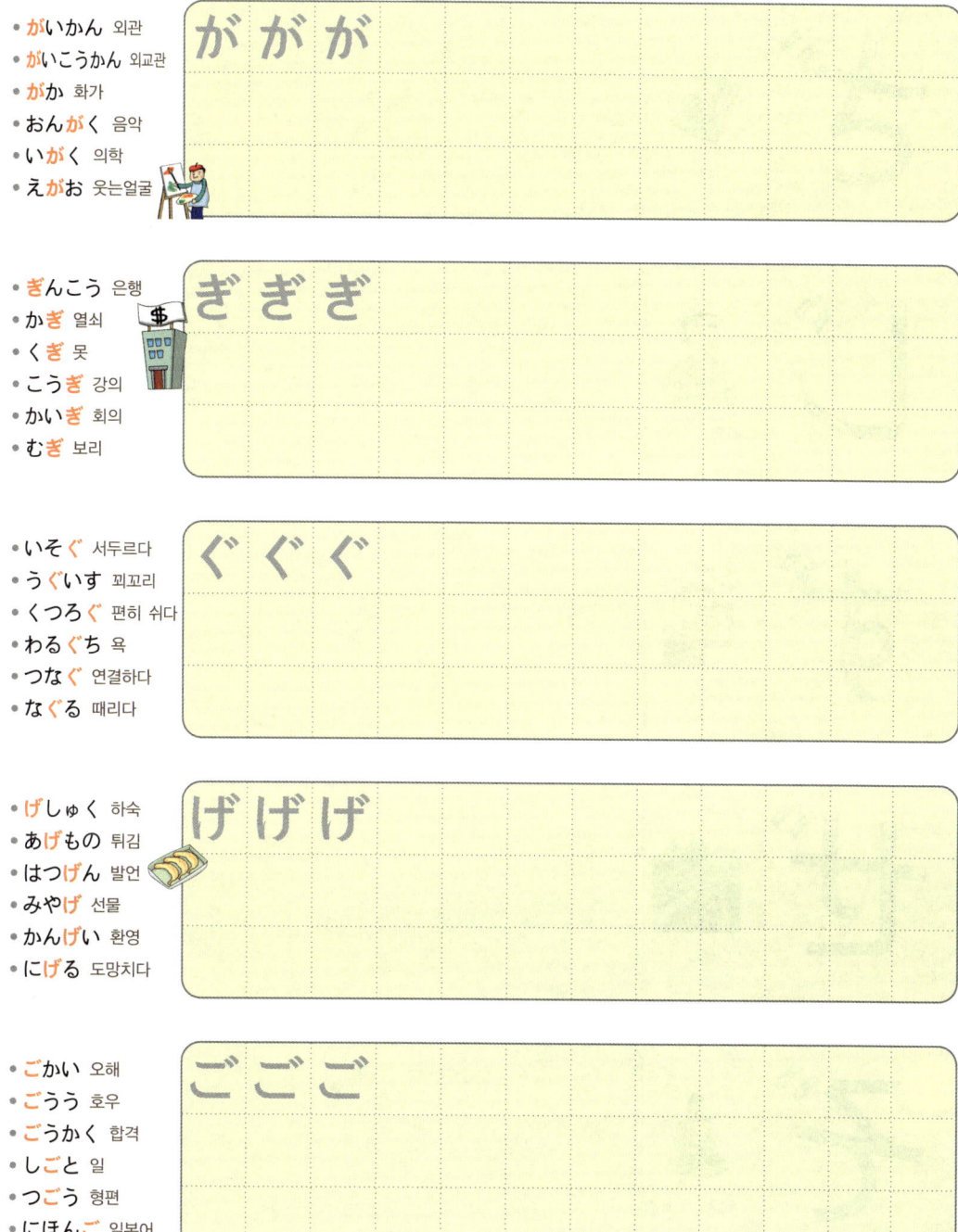

- **が**いかん 외관
- **が**いこうかん 외교관
- **が**か 화가
- おん**が**く 음악
- い**が**く 의학
- え**が**お 웃는얼굴

がががが

- **ぎ**んこう 은행
- か**ぎ** 열쇠
- く**ぎ** 못
- こう**ぎ** 강의
- かい**ぎ** 회의
- む**ぎ** 보리

ぎぎぎ

- いそ**ぐ** 서두르다
- う**ぐ**いす 꾀꼬리
- くつろ**ぐ** 편히 쉬다
- わる**ぐ**ち 욕
- つな**ぐ** 연결하다
- な**ぐ**る 때리다

ぐぐぐ

- **げ**しゅく 하숙
- あ**げ**もの 튀김
- はつ**げ**ん 발언
- みや**げ** 선물
- かん**げ**い 환영
- に**げ**る 도망치다

げげげ

- **ご**かい 오해
- **ご**うう 호우
- **ご**うかく 합격
- し**ご**と 일
- つ**ご**う 형편
- にほん**ご** 일본어

ごごご

ざ 行

- 「さ」행 글자에 탁점(゛)을 붙인 탁음(濁音)으로 「ざ、じ、ず、ぜ、ぞ」이다. 우리말의 [자, 지, 즈, 제, 조]와 비슷한 유성음이다.

ざ za — ざっし 잡지
一 さ ざ ざ

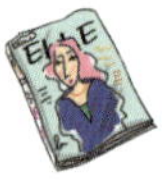

じ zi — おやじ 아버지
し じ じ

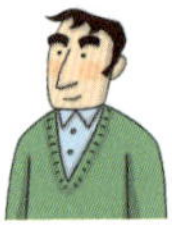

ず zu — ずつう 두통
一 す ず ず

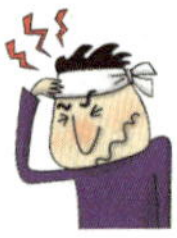

ぜ ze — しぜん 자연
一 ナ せ ぜ ぜ

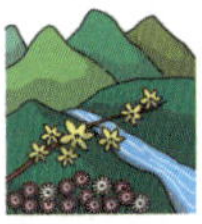

ぞ zo — ぶつぞう 불상
そ ぞ ぞ

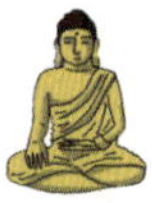

- **ざ**いさん 재산
- **ざ**いりょう 재료
- **ざ**っし 잡지
- め**ざ**す 지향하다
- か**ざ**る 장식하다
- ひき**ざ**ん 뺄셈

ざ ざ ざ

- **じ**かん 시간
- **じ**むしょ 사무실
- **じ**んこう 인구
- **じ**しょ 사전
- おや**じ** 아버지
- あ**じ** 맛

じ じ じ

- **ず**つう 두통
- あい**ず** 신호
- にん**ず**う 인원수
- た**ず**ねる 묻다
- は**ず**れる 빗나가다
- **ず**う**ず**うしい 뻔뻔스럽다

ず ず ず

- **ぜ**ひ 꼭
- **ぜ**ん**ぜ**ん 전혀
- し**ぜ**ん 자연
- とつ**ぜ**ん 돌연
- ま**ぜ**る 섞다
- か**ぜ** 바람

ぜ ぜ ぜ

- しり**ぞ**く 물러나다
- もく**ぞ**う 목조
- そう**ぞ**う 상상
- しん**ぞ**う 심장
- ぶつ**ぞ**う 불상
- まん**ぞ**く 만족

ぞ ぞ ぞ

だ行

- 「た」행 글자에 탁점(゛)을 붙인 탁음(濁音)으로 「だ、ぢ、づ、で、ど」이다.
우리말의 [다, 지, 즈, 데, 도]와 비슷한 유성음이다.

だ da — だいどころ 부엌
一 ナ た だ だ

ぢ zi — はなぢ 코피
一 ち ぢ ぢ

づ zu — こづつみ 소포
つ づ づ

で de — でんしゃ 전철
て で で

ど do — いど 우물
、 と ど ど

- **だ**いがく 대학
- **だ**いどころ 부엌
- かい**だ**ん 계단
- ほん**だ**な 책장
- もん**だ**い 문제
- そ**だ**つ 자라다

だ だ だ

- ち**ぢ**む 줄어들다
- はな**ぢ** 코피
- ち**ぢ**める 줄이다
- ま**ぢ**か 가까움

ぢ ぢ ぢ

- いき**づ**かい 숨결
- あい**づ**ち 맞장구
- いろ**づ**け 채색
- ちか**づ**く 가까워지다
- こ**づ**つみ 소포
- かぞく**づ**れ 가족동반

づ づ づ

- **で**んわ 전화
- **で**んしゃ 전철
- **で**んえん 전원
- **で**んごん 전언
- **で**ぐち 출구
- **で**かける 외출하다

で で で

- **ど**くしょ 독서
- **ど**りょく 노력
- お**ど**る 춤추다
- うん**ど**う 운동
- かつ**ど**う 활동
- い**ど** 우물

ど ど ど

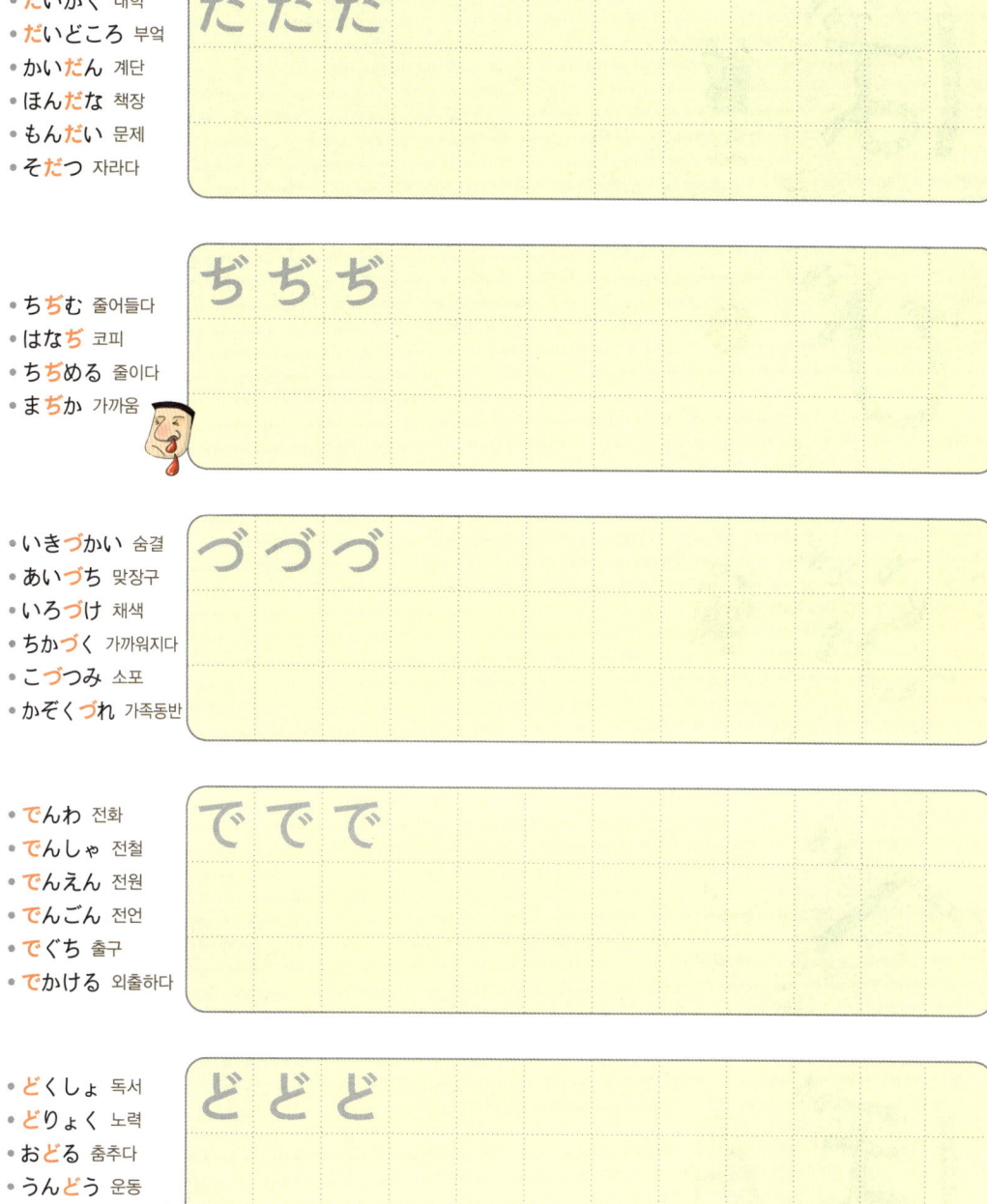

ば行

- 「は」행 글자에 탁점(゛)을 붙인 탁음(濁音)으로 「ば、び、ぶ、べ、ぼ」이다.
  우리말의 [바, 비, 브, 베, 보]와 비슷한 유성음이다.

ば ba — ごみばこ 쓰레기통
| に は ば ば

び bi — ともしび 등불
ひ び び

ぶ bu — あぶらえ 유화
゛ ら ら ふ ぶ ぶ

べ be — べんき 변기
へ べ べ

ぼ bo — ふぼ 할아버지
| に に ほ ぼ ぼ

- **ば**つ 벌
- **ば**しょ 장소
- こと**ば** 말
- たち**ば** 입장
- おち**ば** 낙엽
- ごみ**ば**こ 쓰레기통

ば ば ば

- はな**び** 불꽃
- ほう**び** 포상
- たんじょう**び** 생일
- さ**び**しい 쓸쓸하다
- きねん**び** 기념일
- ともし**び** 등불

び び び

- あ**ぶ**ない 위험하다
- あ**ぶ**らえ 유화
- けん**ぶ**つ 구경
- しょう**ぶ** 승부
- き**ぶ**ん 기분
- み**ぶ**ん 신분

ぶ ぶ ぶ

- **べ**んきょう 공부
- **べ**んごし 변호사
- **べ**た**べ**た 끈적끈적
- **べ**んき 변기
- なる**べ**く 가능한 한
- の**べ**る 진술하다

べ べ べ

- **ぼ**くし 목사
- びん**ぼ**う 가난
- ふ**ぼ** 할아버지
- の**ぼ**る 오르다
- えく**ぼ** 보조개
- し**ぼ**う 사망

ぼ ぼ ぼ

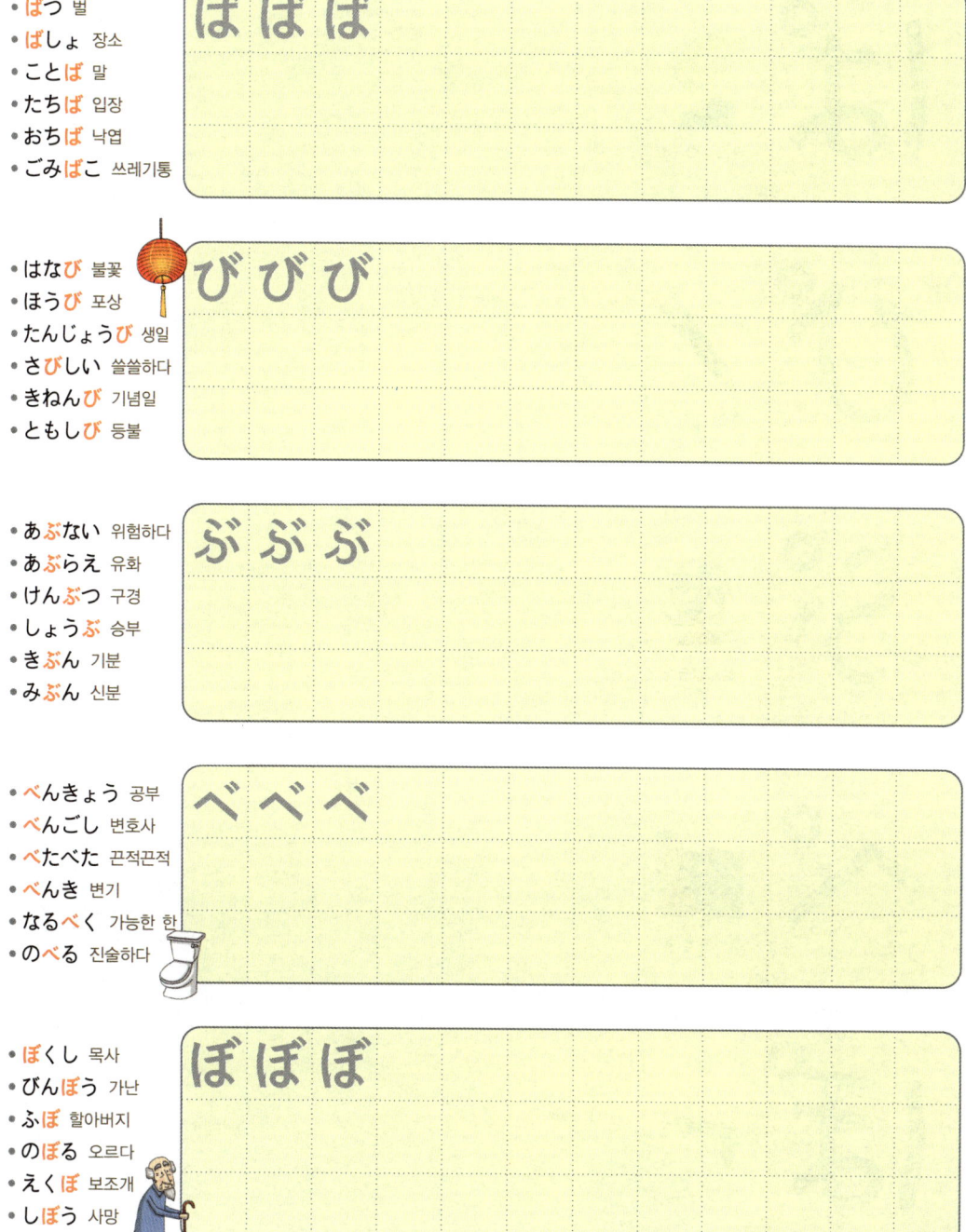

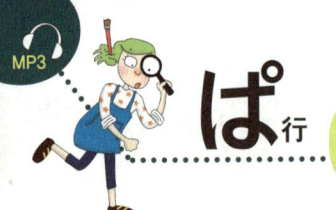

ぱ行

• 「は」행 글자에 반탁점(゜)을 붙인 반탁음(半濁音)으로 「ぱ、ぴ、ぷ、ぺ、ぽ」이다.
우리말의 [파, 피, 프, 페, 포]와 비슷하다.

ぱ pa

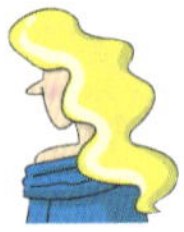

きんぱつ 금발

ｌ	ｌー	は	ぱ

ぴ pi

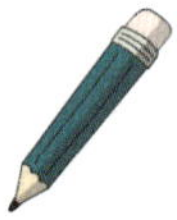

えんぴつ 연필

ひ	ぴ

ぷ pu

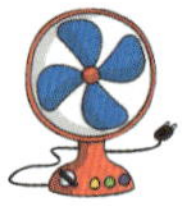

せんぷうき 선풍기

ヽ	ら	ふ	ふ	ぷ

ぺ pe

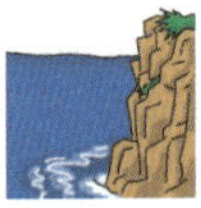

ぜっぺき 절벽

へ	ぺ

ぽ po

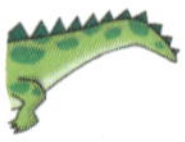

しっぽ 꼬리

ｌ	ｌー	ｌニ	ほ	ぽ

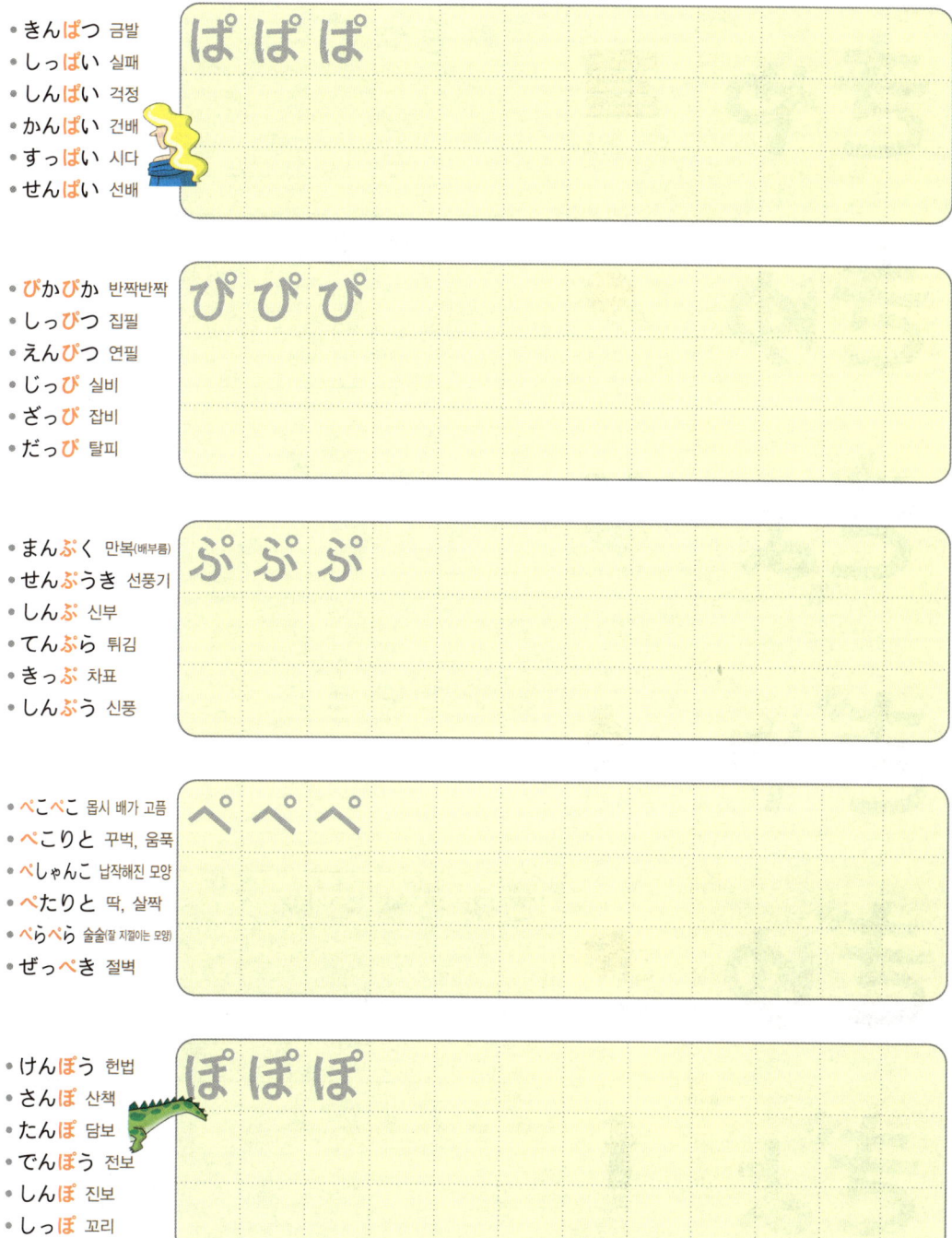

- きん**ぱ**つ 금발
- しっ**ぱ**い 실패
- しん**ぱ**い 걱정
- かん**ぱ**い 건배
- すっ**ぱ**い 시다
- せん**ぱ**い 선배

- **ぴ**か**ぴ**か 반짝반짝
- しっ**ぴ**つ 집필
- えん**ぴ**つ 연필
- じっ**ぴ** 실비
- ざっ**ぴ** 잡비
- だっ**ぴ** 탈피

- まん**ぷ**く 만복(배부름)
- せん**ぷ**うき 선풍기
- しん**ぷ** 신부
- てん**ぷ**ら 튀김
- きっ**ぷ** 차표
- しん**ぷ**う 신풍

- **ぺ**こ**ぺ**こ 몹시 배가 고픔
- **ぺ**こりと 꾸벅, 움푹
- **ぺ**しゃんこ 납작해진 모양
- **ぺ**たりと 딱, 살짝
- **ぺ**ら**ぺ**ら 술술(잘 지껄이는 모양)
- ぜっ**ぺ**き 절벽

- けん**ぽ**う 헌법
- さん**ぽ** 산책
- たん**ぽ** 담보
- でん**ぽ**う 전보
- しん**ぽ** 진보
- しっ**ぽ** 꼬리

요음

- 「き、ぎ」글자에 「ゃ、ゅ、ょ」를 붙여서 표기한 것으로 한박자 발음이다.

きゃ	kya

きゃくせき 객석

きゃ きゃ きゃ

きゅ	kyu

たっきゅう 탁구

きゅ きゅ きゅ

きょ	kyo

きょうだい 형제

きょ きょ きょ

ぎゃ	gya

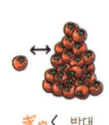
ぎゃく 반대

ぎゃ ぎゃ ぎゃ

ぎゅ	gyu

ぎゅうどん 쇠고기덮밥

ぎゅ ぎゅ ぎゅ

ぎょ	gyo

そつぎょう 졸업

ぎょ ぎょ ぎょ

- **きゃ**く 손님
- **きゃ**くしつ 객실
- **きゃ**くせき 객석
- **きゃ**くしょく 각색
- かん**きゃ**く 관객
- じょう**きゃ**く 승객

きゃ きゃ きゃ

- **きゅ**うよう 급무
- **きゅ**うりょう 급여
- **きゅ**うか 휴가
- こ**きゅ**う 호흡
- たっ**きゅ**う 탁구
- こう**きゅ**う 고급

きゅ きゅ きゅ

- **きょ**り 거리
- **きょ**ういく 교육
- **きょ**うし 교사
- **きょ**うだい 형제
- かん**きょ**う 환경
- こ**きょ**う 고향

きょ きょ きょ

- **ぎゃ**く 반대
- **ぎゃ**くさん 역산
- **ぎゃ**くたい 학대
- **ぎゃ**くせつ 역설
- **ぎゃ**くもどり 퇴보
- **ぎゃ**くふう 역풍

ぎゃ ぎゃ ぎゃ

- **ぎゅ**うにく 쇠고기
- **ぎゅ**うにゅう 우유
- **ぎゅ**うどん 쇠고기덮밥
- **ぎゅ**うほ 느린걸음
- **ぎゅ**うひ 우피
- **ぎゅ**っと 단단히

ぎゅ ぎゅ ぎゅ

- **ぎょ**うじ 행사
- えい**ぎょ**う 영업
- そつ**ぎょ**う 졸업
- じゅ**ぎょ**う 수업
- ざん**ぎょ**う 잔업
- しょく**ぎょ**う 직업

ぎょ ぎょ ぎょ

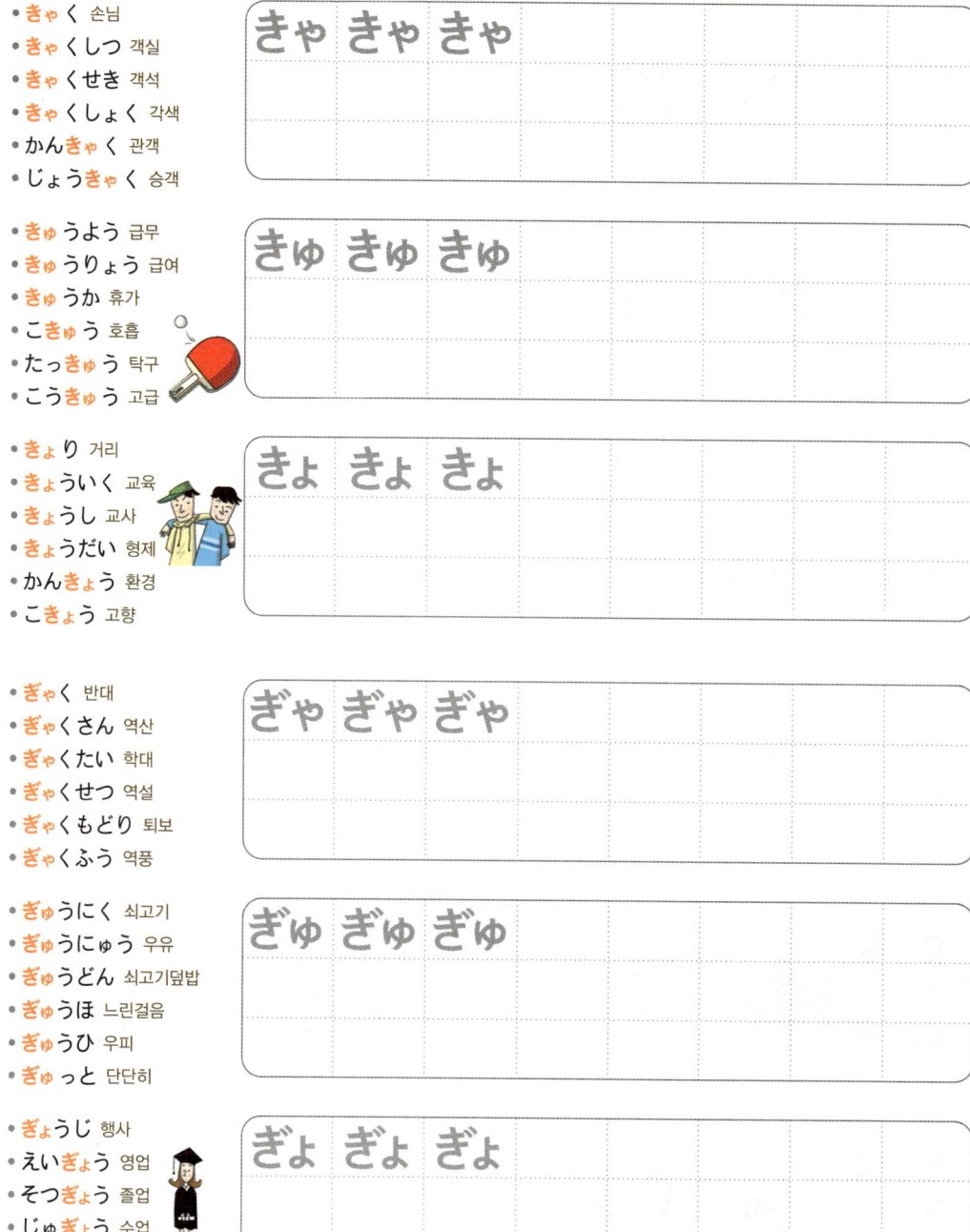

요음

- 「し、じ」글자에 「ゃ、ゅ、ょ」를 붙여서 표기한 것으로 한박자 발음이다.

しゃ sha	 しゃしん 사진	しゃ しゃ しゃ
しゅ shu	 しゅじゅつ 수술	しゅ しゅ しゅ
しょ sho	 しょうめい 조명	しょ しょ しょ
じゃ zya	 じゃがいも 감자	じゃ じゃ じゃ
じゅ zyu	 びじゅつ 미술	じゅ じゅ じゅ
じょ zyo	 ゆうじょう 우정	じょ じょ じょ

- しゃいん 사원
- しゃっきん 빚
- しゃしん 사진
- おしゃれ 멋
- かいしゃ 회사
- ほんしゃ 본사

しゃ しゃ しゃ

- しゅじゅつ 수술
- しゅにん 주임
- しゅだん 수단
- しゅちょう 주장
- しゅみ 취미
- れんしゅう 연습

しゅ しゅ しゅ

- しょうらい 장래
- しょうぶん 성품
- しょうゆ 간장
- しょうめい 조명
- しょくぶつ 식물
- ひしょ 비서

しょ しょ しょ

- じゃがいも 감자
- じゃり 자갈
- じゃあじゃあ 펑펑, 좍좍
- じゃくしゃ 약자
- じゃくじゃく 적적한 모양
- じゃくねん 나이가 젊음

じゃ じゃ じゃ

- じゅんび 준비
- じゅんばん 순번
- じゅうてん 중점
- きょうじゅ 교수
- びじゅつ 미술
- ぎじゅつ 기술

じゅ じゅ じゅ

- あいじょう 애정
- じじょう 사정
- えんじょ 원조
- ちょうじょ 장녀
- かんじょう 감정
- ゆうじょう 우정

じょ じょ じょ

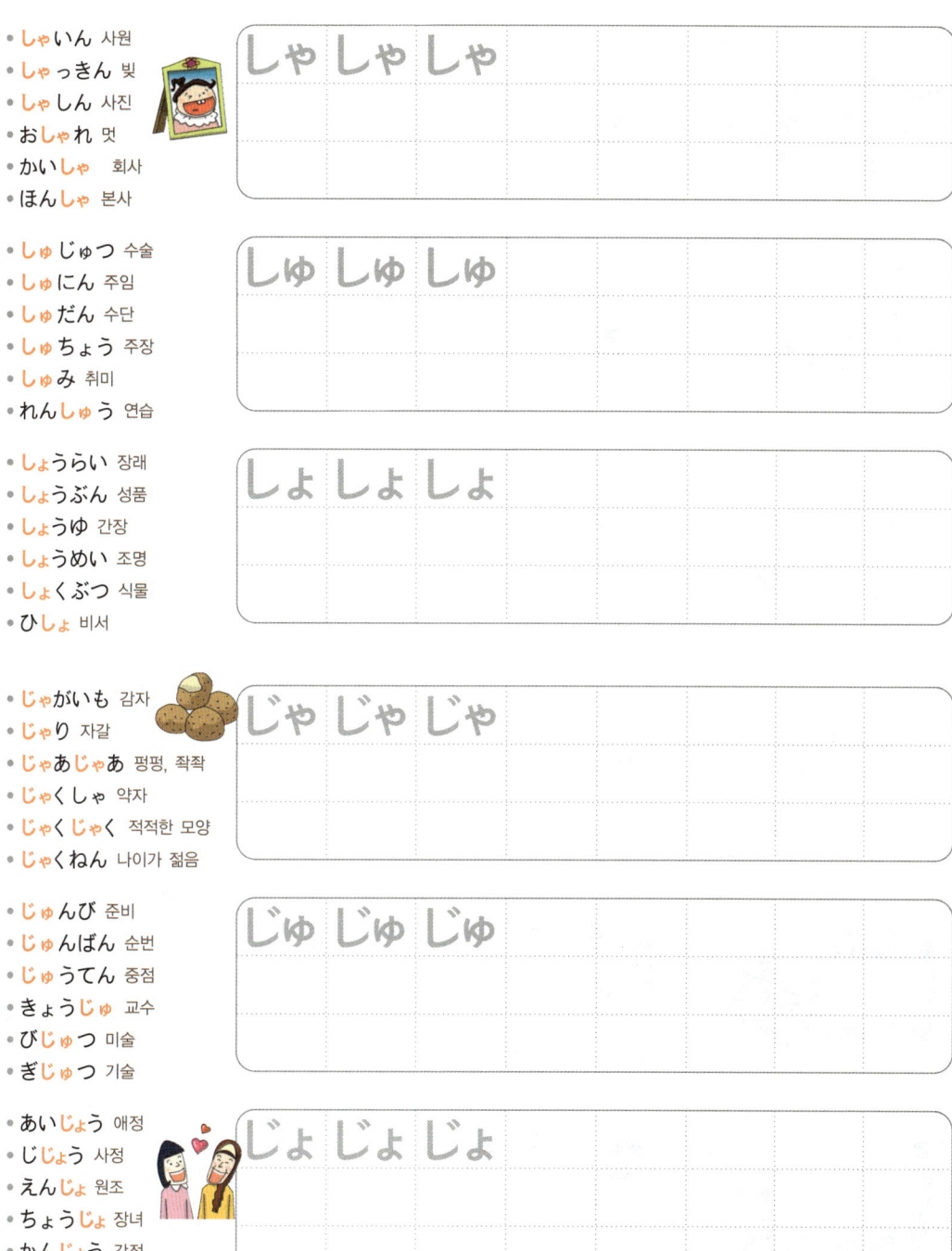

요음

• 「ち、に」글자에 「ゃ、ゅ、ょ」를 붙여서 표기한 것으로 한박자 발음이다.

 cha
ちゃくりく 착륙

ちゃ ちゃ ちゃ

ちゅ chu
ちゅうがっこう 중학교

ちゅ ちゅ ちゅ

ちょ cho
ちょうこく 조각

ちょ ちょ ちょ

 nya
こんにゃく 구약나물

にゃ にゃ にゃ

 nyu
にゅうがく 입학

にゅ にゅ にゅ

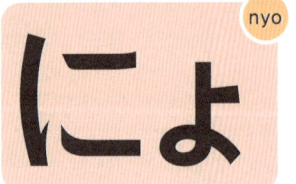 nyo
にょうぼう 마누라

にょ にょ にょ

- **ちゃ**んと 확실히
- **ちゃ**わん 밥공기
- **ちゃ**くりく 착륙
- **ちゃ**くよう 착용
- **ちゃ**っこう 착공
- お**ちゃ** 차

ちゃ ちゃ ちゃ

- **ちゅ**うがっこう 중학교
- **ちゅ**うい 주의
- **ちゅ**うもん 주문
- **ちゅ**うごく 중국
- **ちゅ**うぼう 주방
- ねっ**ちゅ**う 열중

ちゅ ちゅ ちゅ

- **ちょ**うこく 조각
- **ちょ**うさ 조사
- **ちょ**うなん 장남
- **ちょ**くつう 직통
- か**ちょ**う 과장
- せい**ちょ**う 성장

ちょ ちょ ちょ

- こん**にゃ**く 구약나물
- ふ**にゃ**ふ**にゃ** 흐늘흐늘

にゃ にゃ にゃ

- **にゅ**うがく 입학
- **にゅ**うし 입시
- **にゅ**うかい 입회
- こう**にゅ**う 구입
- しん**にゅ**う 침입
- しん**にゅ**うしゃいん 신입사원

にゅ にゅ にゅ

- **にょ**う 소변
- **にょ**うどうえん 요도염
- **にょ**うぼう 마누라
- **にょ**らい 여래
- **にょ**ろ**にょ**ろ 꿈틀꿈틀
- とう**にょ**うびょう 당뇨병

にょ にょ にょ

요음

• 「ひ、び」글자에 「ゃ、ゅ、ょ」를 붙여서 표기한 것으로 한박자 발음이다.

 hya

ひゃっかじてん 백과사전

ひゃ ひゃ ひゃ

 hyu

ひゅ ひゅ ひゅ

 hyo

じひょう 사표

ひょ ひょ ひょ

 bya

びゃくや 백야

びゃ びゃ びゃ

 byu

びゅうけん 유견

びゅ びゅ びゅ

 byo

びょうしつ 병실

びょ びょ びょ

- ひゃく 백
- ひゃくがい 백해
- ひゃくしょう 농민
- ひゃくはちじゅうど 백팔십도
- ひゃっかてん 백화점
- ひゃっかじてん 백과사전

ひゃ ひゃ ひゃ

ひゅ ひゅ ひゅ

- ひょうめん 표면
- ひょうばん 평판
- ひょいと 뜻밖에
- もくひょう 목표
- じひょう 사표
- ひひょう 비평

ひょ ひょ ひょ

- びゃくえ 백의
- びゃくや 백야
- さんびゃく 300

びゃ びゃ びゃ

- びゅうびゅう 윙윙, 획획
- びゅうせつ 유설
- びゅうけん 유견
- びゅんびゅん 획획

びゅ びゅ びゅ

- びょうき 병
- びょうしつ 병실
- びょうしょう 병상
- なんびょう 난병
- おくびょう 겁이 많음
- きゅうびょう 급병

びょ びょ びょ

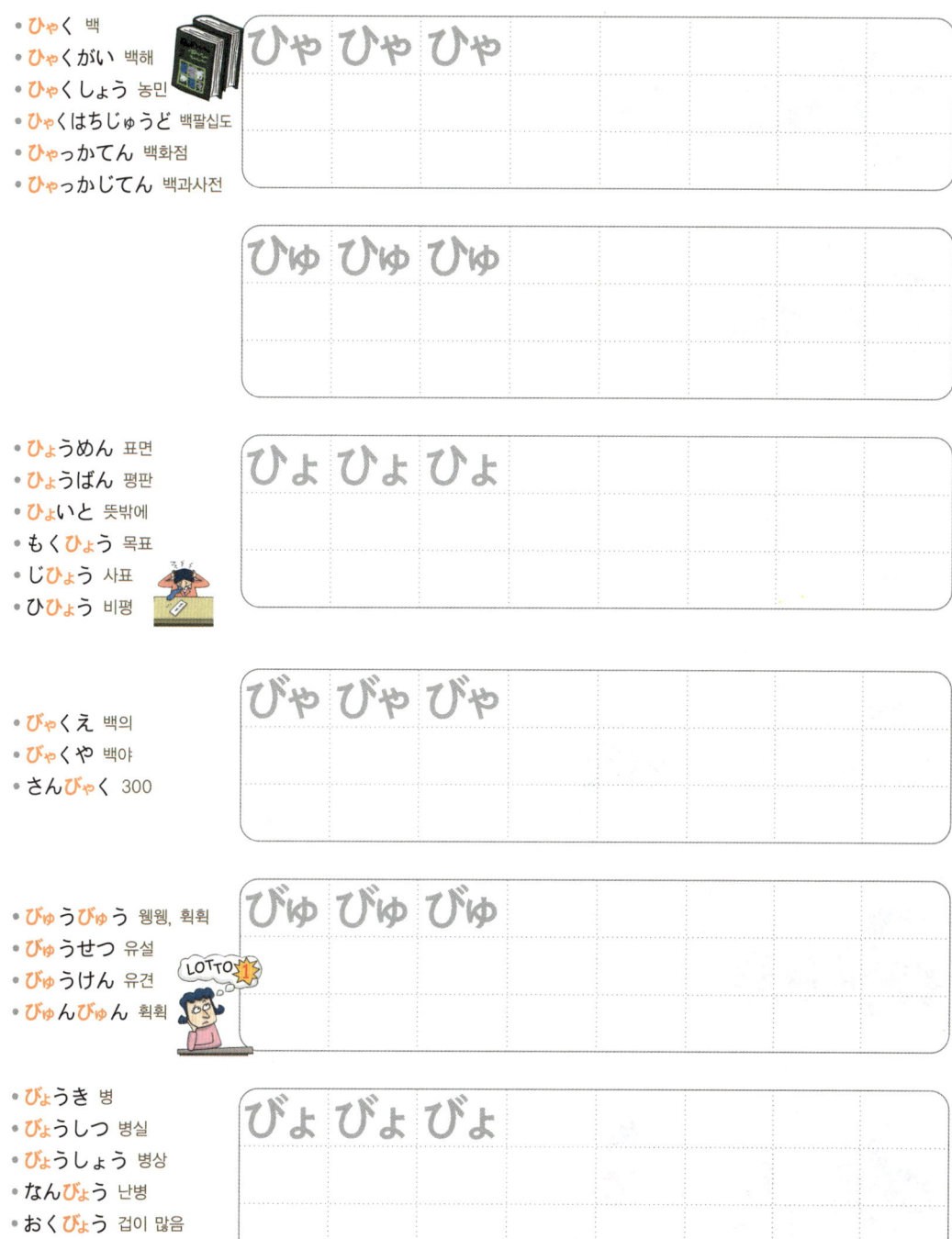

요음

- 「ぴ、み」글자에 「ゃ、ゅ、ょ」를 붙여서 표기한 것으로 한박자 발음이다.

はっぴゃく 800

ぴゃ	ぴゃ	ぴゃ		

ぴゅ	ぴゅ	ぴゅ		

ぴょいと 깡충

ぴょ	ぴょ	ぴょ		

さんみゃく 산맥

みゃ	みゃ	みゃ		

みゅ	みゅ	みゅ		

みょうさく 묘책

みょ	みょ	みょ		

	ぴゃ ぴゃ ぴゃ

- はっ**ぴゃ**く 800

	ぴゅ ぴゅ ぴゅ

	ぴょ ぴょ ぴょ

- **ぴょ**いと 깡충
- はっ**ぴょ**う 발표

	みゃ みゃ みゃ

- どう**みゃ**く 동맥
- じょう**みゃ**く 정맥
- き**みゃ**く 기맥
- さん**みゃ**く 산맥

	みゅ みゅ みゅ

	みょ みょ みょ

- **みょ**うじ 성
- **みょ**うにち 내일
- **みょ**うさく 묘책
- **みょ**うり 명리(행복감)
- き**みょ**う 기묘
- び**みょ**う 미묘

요음, 촉음

- 요음 : 「リ」글자에 「ゃ、ゅ、ょ」를 붙여서 표기한 것으로 한박자 발음이다.
- 촉음 : 「っ」로 표기하는 것으로 뒤에 오는 글자에 따라 [k, s, t, p]로 발음이 달라진다.

りゃくず 약도
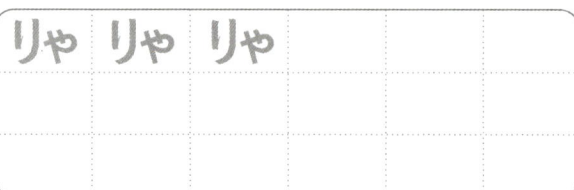

りゅう 용

りょうがえ 환전
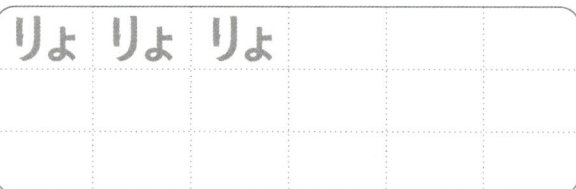

きって 우표

- **りゃ**くす 생략하다
- **りゃ**くしき 약식
- **りゃ**くず 약도
- **りゃ**くしょう 약칭
- **りゃ**くだつ 약탈
- **りゃ**くじゅつ 약술

- **りゅ**う 용
- **りゅ**うこう 유행
- **りゅ**うがく 유학
- **りゅ**うき 융기
- **りゅ**うけつ 유혈
- **りゅ**うしゅつ 유출

- **りょ**うがえ 환전
- **りょ**うきん 요금
- **りょ**うしん 양친부모
- **りょ**うり 요리
- **りょ**こう 여행
- のう**りょ**く 능력

- が**っ**き 악기
- き**っ**て 우표
- に**っ**き 일기
- け**っ**か 결과
- れ**っ**しゃ 열차
- こ**っ**か 국가

히라가나 받아쓰기

↓ 행(모음) → 단(자음)

행\단	a단	i단	u단	e단	o단
a행					
ka행					
sa행					
ta행					
na행					
ha행					
ma행					
ya행					
ra행					
wa행					
	n				

··· 카타카나

ア行

- 「ア、イ、ウ、エ、オ」의 발음은 [a, i, u, e, o]로 표기한다. 우리말의 [아, 이, 우, 에, 오]와 비슷하다

ア (a)	゙ ア
アイロン 다리미	
イ (i)	ノ イ
イヤホーン 이어폰	
ウ (u)	゙ ゙ ウ
ウォッチ 손목시계	
エ (e)	一 T エ
エジプト 이집트	
オ (o)	一 ナ オ
オイル 기름	

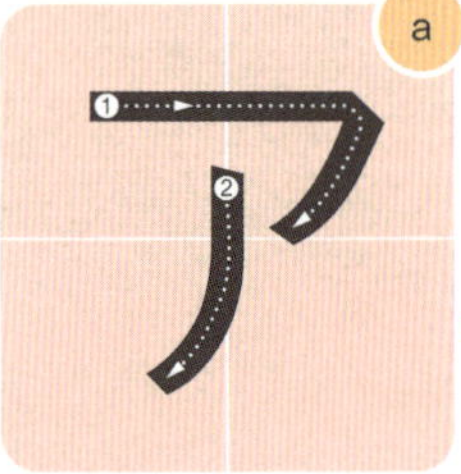

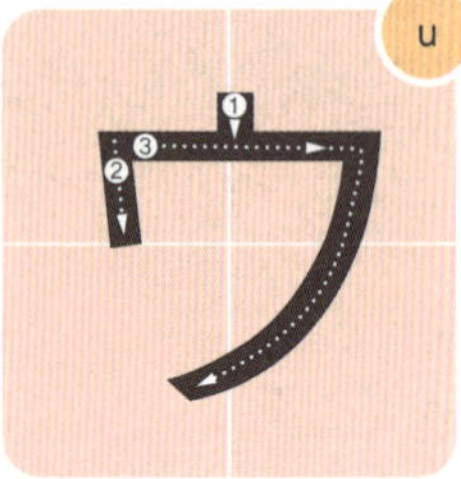

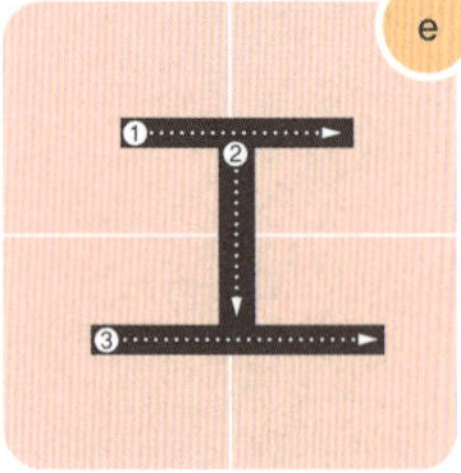

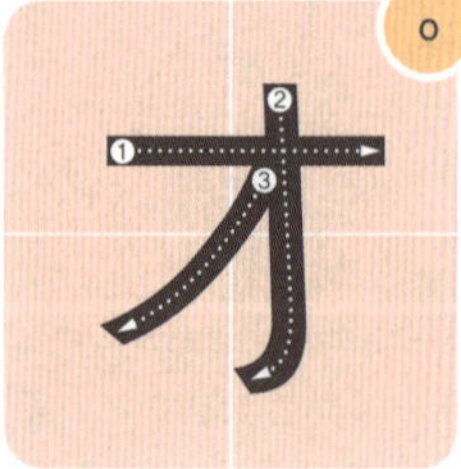

- **ア**イロン 다리미
- **ア**メリカ 미국
- **ア**イスコーヒー 냉커피
- **ア**イドル 우상
- **ア**イボリー 상아빛
- **ア**クセサリー 액세서리

アアア

- **イ**ヤホーン 이어폰
- **イ**ースター 이스터
- **イ**スラム 이슬람
- **イ**タリア 이탈리아
- **イ**ンク 잉크
- **イ**ンターネット 인터넷

イイイ

- **ウ**インク 윙크
- **ウ**インドーショッピング 윈도쇼핑
- **ウ**エーター 웨이터
- **ウ**エスト 허리
- **ウ**ォータースキー 수상스키
- **ウ**オッチ 손목시계

ウウウ

- **エ**アコン 에어컨
- **エ**ンジン 엔진
- **エ**ース 에이스
- **エ**キス 엑기스
- **エ**キスパート 전문가
- **エ**ジプト 이집트

エエエ

- **オ**ーディオ 오디오
- **オ**ートショー 자동차 전시회
- **オ**ーナー 소유주
- **オ**ープン 오픈
- **オ**イル 기름
- **オ**アシス 오아시스

オオオ

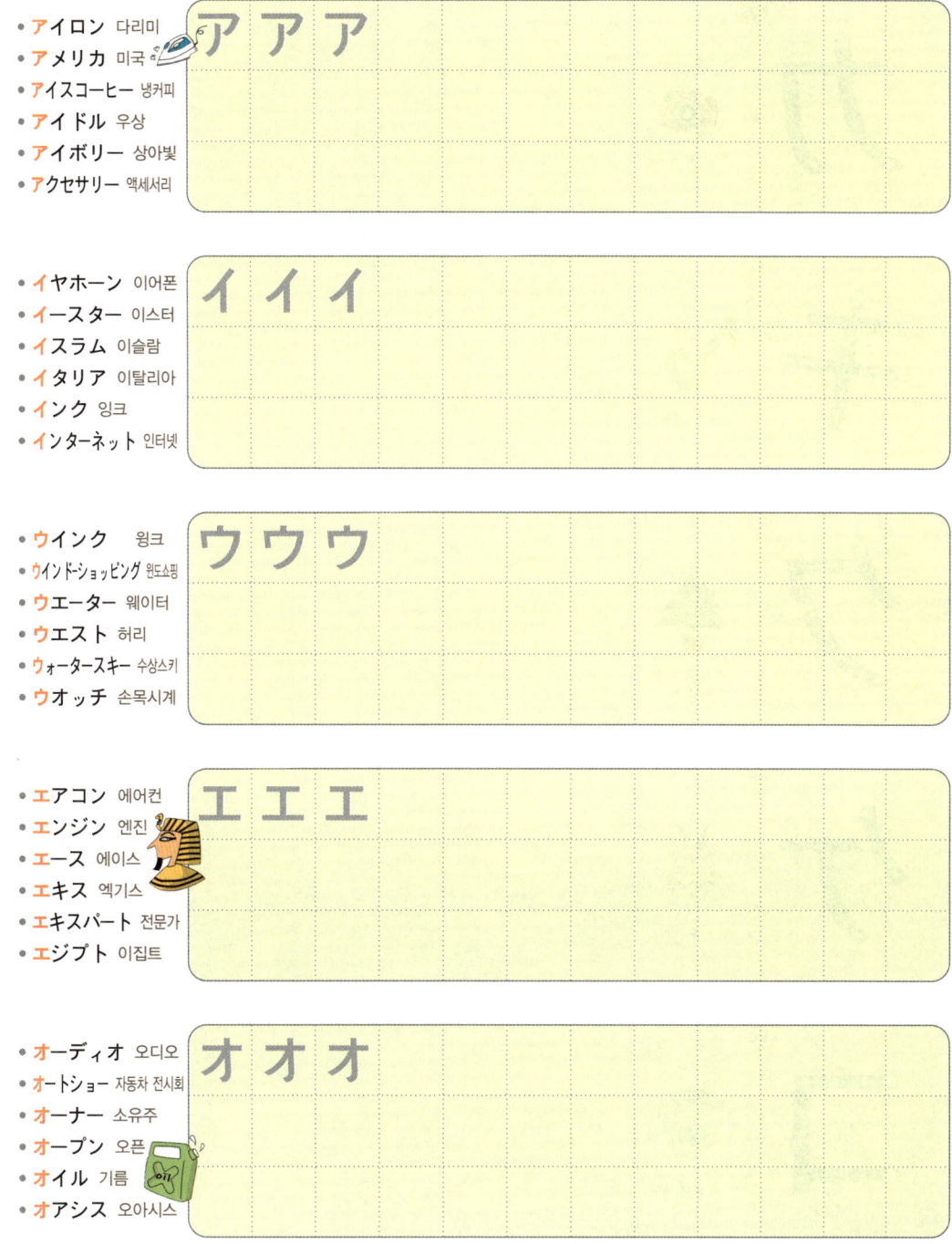

71

カ行

- 「カ、キ、ク、ケ、コ」의 발음은 [ka, ki, ku, ke, ko]로 표기한다.
  우리말의 [카, 키, 쿠, 케, 코]와 비슷하다.

ka カ 
カメラ 카메라
フカ

ki キ 
キー 열쇠
一 二 キ

ku ク 
クリスマス 크리스마스
ノ ク

ke ケ 
ケーキ 케이크
ノ ト ケ

ko コ 
コップ 컵
フ コ

- **カ**レンダー 달력
- **カ**メラ 카메라
- **カ**ップル 커플
- **カ**テゴリー 카테고리
- **カ**ーテン 커튼
- **カ**ード 카드

カ カ カ

- **キ**ー 열쇠
- **キ**チン 부엌
- **キ**ラー 킬러
- **キ**ーボード 키보드
- **キ**ス 키스
- **キ**ング 왕

キ キ キ

- **ク**ーラー 냉방장치
- **ク**リスマス 크리스마스
- **ク**レーム 클레임
- **ク**ッキー 쿠키
- **ク**イズ 퀴즈
- **ク**リニック 클리닉

ク ク ク

- **ケ**ース 케이스
- **ケ**ーブル 케이블
- **ケ**ニア 케냐
- **ケ**ア 케어
- **ケ**ーキ 케이크
- **ケ**ミカル 케미컬

ケ ケ ケ

- **コ**ーラン 코란
- **コ**ンサート 콘서트
- **コ**ップ 컵
- **コ**ーラ 콜라
- **コ**ート 코트
- **コ**ース 코스

コ コ コ

연습문제 ア行

1 각 발음에 해당하는 카타카나를 찾아 적어보세요.

| ア | イ | ウ | エ | オ |

① [u] 우, 으 .... ④ [i] 이 ....

② [e] 에 .... ⑤ [a] 아 ....

③ [o] 오 ....

2 다음 빈칸에 알맞은 카타카나를 적어 보세요.

①  □イロン
다리미

②  □ヤホーン
이어폰

③  □ジプト
이집트

④  □イル
기름

3 각 히라가나에 해당하는 카타카나를 찾아 보세요.

① あ・　　　　・ウ

② え・　　　　・オ

③ い・　　　　・ア

④ お・　　　　・イ

⑤ う・　　　　・エ

정답: 1 ①ウ ②エ ③オ ④イ ⑤ア 2 ①ア ②イ ③エ ④オ 3 ①ア ②エ ③イ ④オ ⑤ウ

カ 行

1 각 발음에 해당하는 카타카나를 찾아 적어보세요.

| カ | キ | ク | ケ | コ |

① [ko] 코 ....   ④ [ki] 키 ....

② [ka] 카 ....   ⑤ [ke] 케 ....

③ [ku] 쿠, 크 ....

2 다음 빈칸에 알맞은 카타카나를 적어 보세요.

①   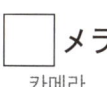 ☐メラ
카메라

②  ☐ー
열쇠

③  ☐リスマス
크리스마스

④  ☐ップ
컵

3 각 히라가나에 해당하는 카타카나를 찾아 보세요.

① き •   • カ

② か •   • コ

③ く •   • キ

④ こ •   • ケ

⑤ け •   • ク

정답 : **1** ①コ ②カ ③ク ④キ ⑤ケ **2** ①カ ②キ ③ク ④コ **3** ①キ ②カ ③ク ④コ ⑤ケ

サ行

- 「サ、シ、ス、セ、ソ」의 발음은 [sa, shi, su, se, so]로 표기한다.
  우리말의 [사, 시, 스, 세, 소]와 비슷하다.

サ sa — **サ**ッカー 축구 / 一 十 サ

シ shi — **シ**ートベルト 안전벨트 / 丶 シ シ

ス su — **ス**カート 스커트 / フ ス

セ se — **セ**メント 시멘트 / 一 セ

ソ so — **ソ**ーセージ 소시지 / 丶 ソ

- **サ**イクル 사이클
- **サ**ラリーマン 샐러리맨
- **サ**ラダ 샐러드
- **サ**ービス 서비스
- **サ**ッカー 축구
- **サ**ポーター 서포터

サ サ サ

- **シ**ーズン 시즌
- **シ**ーソー 시소
- **シ**ートベルト 안전벨트
- **シ**ステム 시스템
- **シ**ネマ 영화
- **シ**ベリア 시베리아

シ シ シ

- **ス**ポーツ 스포츠
- **ス**ープ 수프
- **ス**イッチ 스위치
- **ス**プレー 스프레이
- **ス**テーキ 스테이크
- **ス**カート 스커트

ス ス ス

- **セ**ット 세트
- **セ**ルフサービス 셀프서비스
- **セ**ーター 스웨터
- **セ**ールス 세일즈
- **セ**メント 시멘트
- **セ**レモニー 의식

セ セ セ

- **ソ**ウル 서울
- **ソ**ース 소스(근원)
- **ソ**ーセージ 소시지
- **ソ**ーダ 소다
- **ソ**フトウェア 소프트웨어
- **ソ**ロ 솔로

ソ ソ ソ

タ行

- 「タ、チ、ツ、テ、ト」의 발음은 [ta, chi, tsu, te, to]로 표기한다.
  우리말의 [타, 치, 츠, 테, 토]와 비슷하다.

ta タ
タクシー 택시
ノ ク タ

chi チ
チアガール 치어걸
一 二 チ

tsu ツ
ツリー 나무
丶 丶丶 ツ

te テ
テレビ 텔레비전
一 二 テ

to ト
トラック 트럭
丨 ト

- **タ**バコ 담배
- **タ**クシー 택시
- **タ**イトル 타이틀
- **タ**イプ 타입
- **タ**イムカード 타임 카드
- **タ**イフーン 태풍

タ タ タ

- **チ**ェック 체크
- **チ**アガール 치어걸
- **チ**ベット 티벳
- **チ**ンパンジー 침팬지
- **チ**ケット 티켓
- **チ**ーズ 치즈

チ チ チ

- **ツ**リー 나무
- **ツ**アー 투어
- **ツ**イスト 트위스트
- **ツ**イン 트윈
- **ツ**ール 도구
- **ツ**ーリスト 관광객

ツ ツ ツ

- **テ**ニス 테니스
- **テ**レビ 텔레비전
- **テ**ープレコーダー 녹음기
- **テ**クノロジー 테크놀로지
- **テ**リトリー 영역
- **テ**ンポ 템포

テ テ テ

- **ト**イレ 화장실
- **ト**ラック 트럭
- **ト**ータル 합계
- **ト**ップクラス 톱클라스
- **ト**ースト 토스트
- **ト**ーチ 횃불

ト ト ト

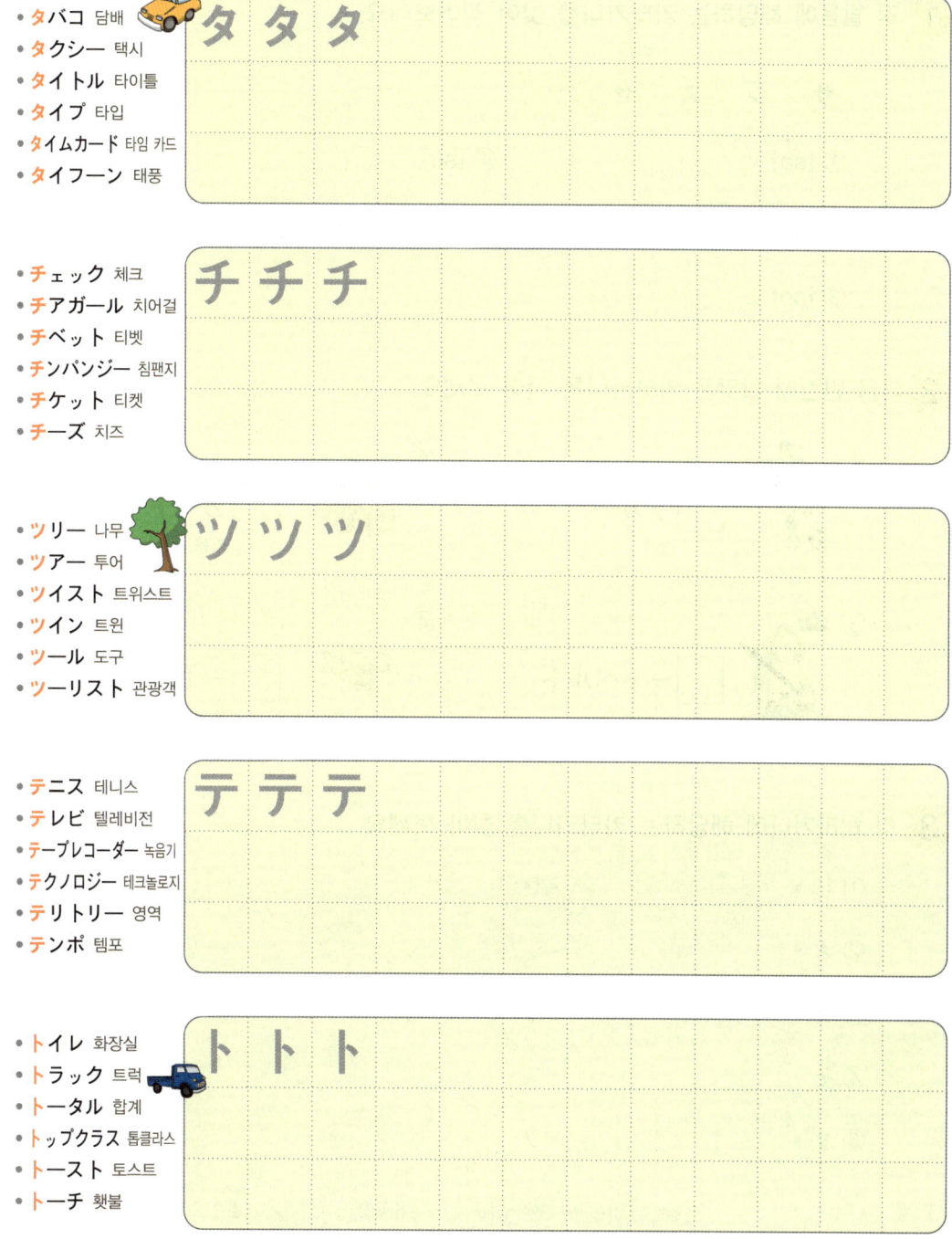

연습문제 サ行

1 각 발음에 해당하는 카타카나를 찾아 적어보세요.

| サ | シ | ス | セ | ソ |

① [sa] 사 ....
② [se] 세 ....
③ [so] 소 ....
④ [su] 수, 스 ....
⑤ [shi] 시 ....

2 다음 빈칸에 알맞은 카타카나를 적어 보세요.

①  □ッカー
축구

②  □カート
스커트

③  □ートベルト
안전벨트

④ 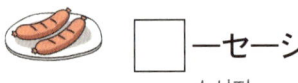 □ーセージ
소시지

3 각 히라가나에 해당하는 카타카나를 찾아 보세요.

① し •   • セ
② さ •   • シ
③ せ •   • サ
④ そ •   • ス
⑤ す •   • ソ

정답 : **1** ①サ ②セ ③ソ ④ス ⑤シ **2** ①サ ②ス ③シ ④ソ **3** ①シ ②サ ③セ ④ソ ⑤ス

タ 行

1 각 발음에 해당하는 카타카나를 찾아 적어보세요.

| タ チ ツ テ ト |

① [tsu] 츠, 쯔 .... ④ [to] 토 ....

② [chi] 치, 찌 .... ⑤ [te] 테 ....

③ [ta] 타 ....

2 다음 빈칸에 알맞은 카타카나를 적어 보세요.

①  □クシー
택시

②  □リー
나무

③  □レビ
텔레비전

④ 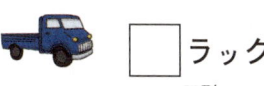 □ラック
트럭

3 각 히라가나에 해당하는 카타카나를 찾아 보세요.

① て •　　　　• ツ

② た •　　　　• テ

③ ち •　　　　• ト

④ つ •　　　　• タ

⑤ と •　　　　• チ

정답 : 1 ①ツ ②チ ③タ ④ト ⑤テ 2 ①タ ②ツ ③テ ④ト 3 ①テ ②タ ③チ ④ツ ⑤ト

ナ行

- 「ナ、ニ、ヌ、ネ、ノ」의 발음은 [na, ni, nu, ne, no]로 표기한다.
  우리말의 [나, 니, 느, 네, 노]와 비슷하다.

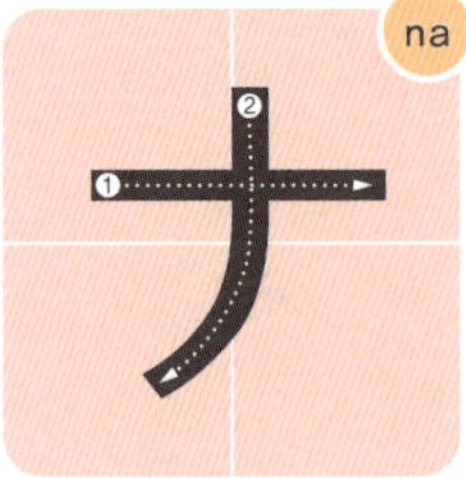

ナ (na) — **ナ**プキン 냅킨

ニ (ni) — **ニ**ードル 바늘

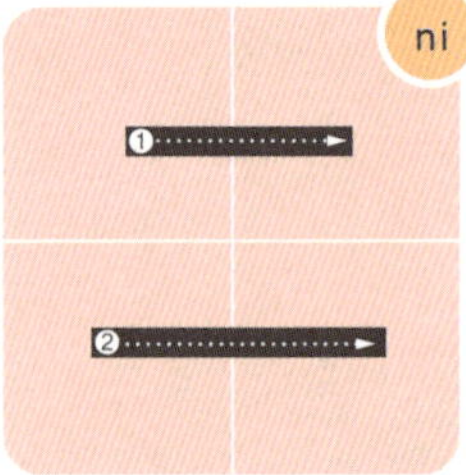

ヌ (nu) — **ヌ**ード 누드

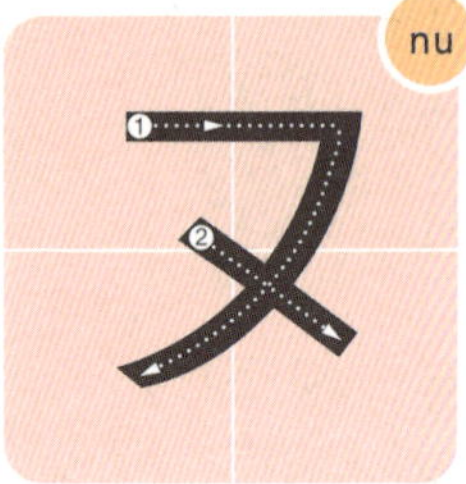

ネ (ne) — **ネ**クタイ 넥타이

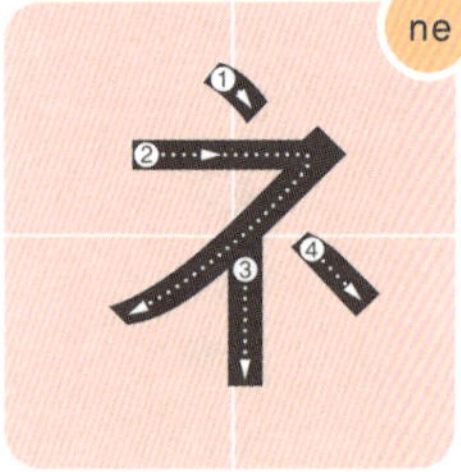

ノ (no) — **ノ**ート 노트

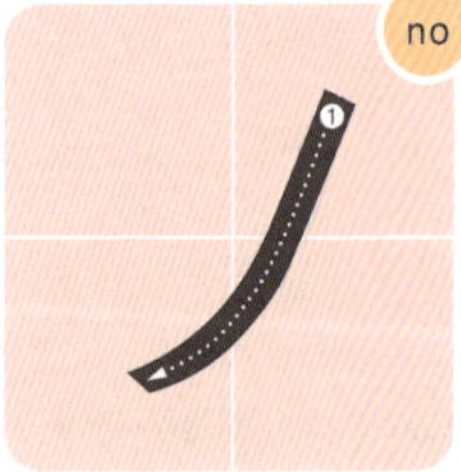

- **ナ**イトクラブ 나이트클럽
- **ナ**ショナル 내셔널
- **ナ**プキン 냅킨
- **ナ**ルシシズム 나르시시즘
- **ナ**トー 나토
- **ナ**チス 나치스

ナ ナ ナ

- **ニ**ックネーム 닉네임
- **ニ**ーズ 니즈(필요성)
- **ニ**ッケル 니켈
- **ニ**ット 니트
- **ニ**コチン 니코틴
- **ニ**ードル 바늘

ニ ニ ニ

- **ヌ**ード 누드
- **ヌ**ーディスト 누디스트
- **ヌ**ードル 누들
- **ヌ**ーン 정오
- **ヌ**ガー 누가
- **ヌ**ーボー 멍청함

ヌ ヌ ヌ

- **ネ**クタイ 넥타이
- **ネ**ーム 이름
- **ネ**ール 손톱
- **ネ**オンサイン 네온사인
- **ネ**ット 그물
- **ネ**パール 네팔

ネ ネ ネ

- **ノ**ック 노크
- **ノ**ート 노트
- **ノ**ーコメント 노코멘트
- **ノ**ーハウ 노하우
- **ノ**ズル 노즐
- **ノ**ーマル 정상

ノ ノ ノ

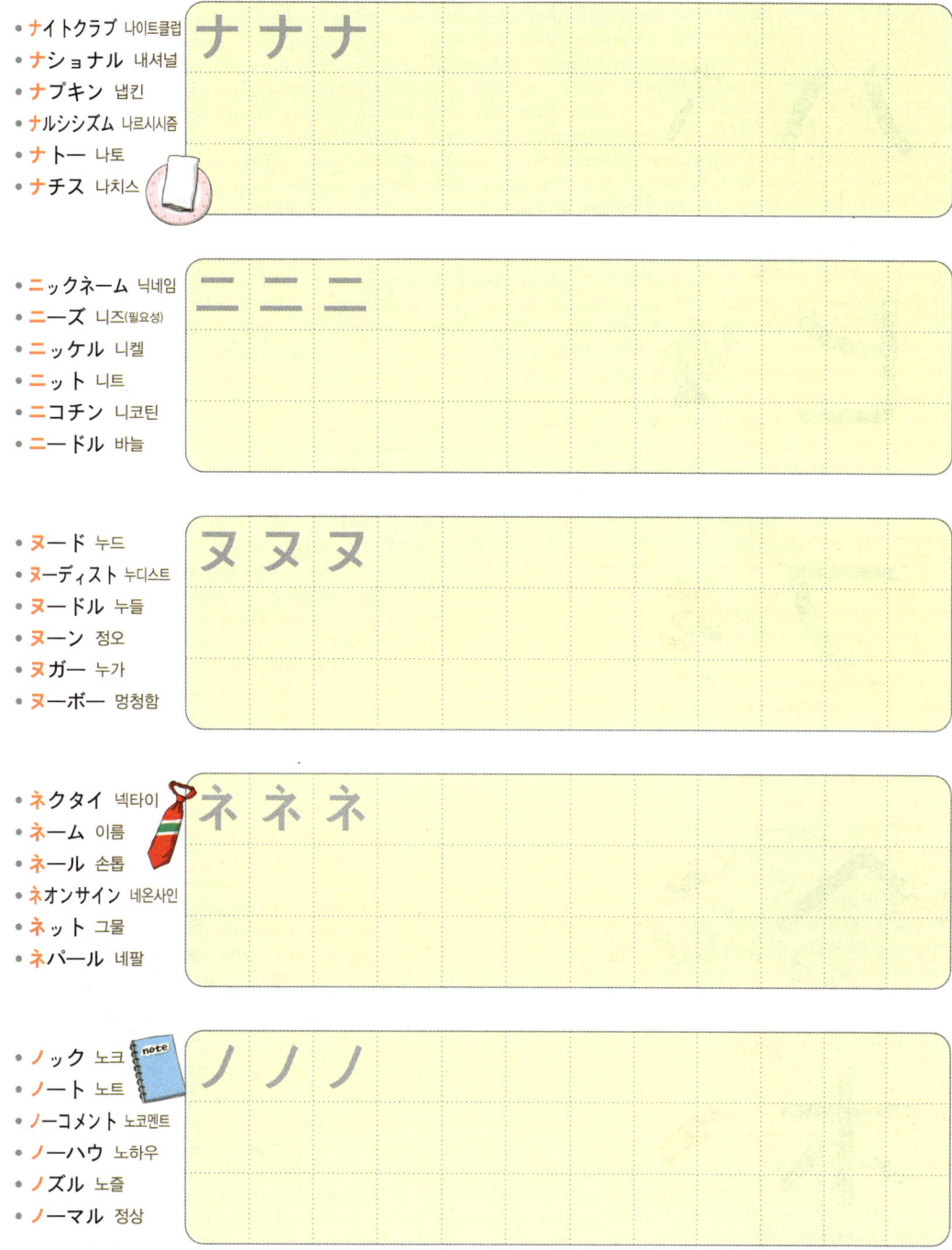

ハ行

- 「ハ、ヒ、フ、ヘ、ホ」의 발음은 [ha, hi, hu, he, ho]로 표기한다. 우리말의 [하, 히, 흐, 헤, 호]와 비슷하다.

ha ハ — ハンマー 망치
ノ ハ

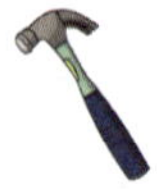

hi ヒ — ヒーロー 영웅
´ ヒ

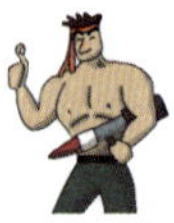

hu フ — フルーツ 과일
フ

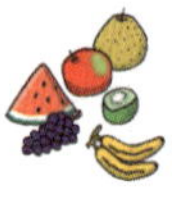

he ヘ — ヘリコプター 헬리콥터
ヘ

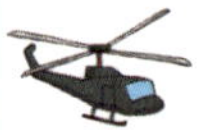

ho ホ — ホイッスル 호각
一 十 才 ホ

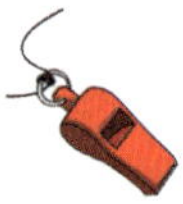

- ハンマー 망치
- ハイキング 하이킹
- ハート 하트
- ハードウェア 하드웨어
- ハードル 허들
- ハワイ 하와이

ハ ハ ハ

- ヒーロー 영웅
- ヒステリー 히스테리
- ヒストリー 히스토리
- ヒット 히트
- ヒッピー 히피
- ヒップ 힙

ヒ ヒ ヒ

- フルーツ 과일
- ファーム 농장
- ファースト 첫째
- ファイナンス 재정
- ファイル 파일
- ファッション 패션

フ フ フ

- ヘアスタイル 헤어스타일
- ヘッドホン 헤드폰
- ヘッドライン 헤드라인
- ヘビースモーカー 애연가
- ヘリコプター 헬리콥터
- ヘルス 건강

ヘ ヘ ヘ

- ホワイトカラー 사무계통종사자
- ホイッスル 호각
- ホイップ 휘프
- ホースパワー 마력
- ホームラン 홈런
- ホームシック 향수병

ホ ホ ホ

연습문제 ナ行

1 각 발음에 해당하는 카타카나를 찾아 적어보세요.

ナ ニ ヌ ネ ノ

① [na] 나 ....   ④ [nu] 누, 느 ....

② [ne] 네 ....   ⑤ [ni] 니 ....

③ [no] 노 ....

2 다음 빈칸에 알맞은 카타카나를 적어 보세요.

①  ☐プキン
냅킨

②  ☐ード
누드

③  ☐クタイ
넥타이

④  ☐ート
노트

3 각 히라가나에 해당하는 카타카나를 찾아 보세요.

① ぬ •   • ノ

② な •   • ネ

③ ね •   • ニ

④ の •   • ヌ

⑤ に •   • ナ

정답 : **1** ①ナ ②ネ ③ノ ④ヌ ⑤ニ **2** ①ナ ②ヌ ③ネ ④ノ **3** ①ヌ ②ナ ③ネ ④ノ ⑤ニ

 ハ行

1 각 발음에 해당하는 카타카나를 찾아 적어보세요.

　　　　ハ　ヒ　フ　ヘ　ホ

① [hu] 후, 흐 ....　　④ [hi] 히 ....

② [ho] 호 ....　　　⑤ [ha] 하 ....

③ [he] 헤 ....

2 다음 빈칸에 알맞은 카타카나를 적어 보세요.

①  □ンマー
망치

②  □ルーツ
과일

③ 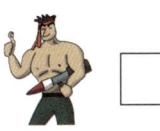 □ーロー
영웅

④  □イッスル
호각

3 각 히라가나에 해당하는 카타카나를 찾아 보세요.

① は •　　　　　• ヘ

② ふ •　　　　　• フ

③ ひ •　　　　　• ハ

④ ほ •　　　　　• ヒ

⑤ へ •　　　　　• ホ

정답 : **1** ①フ ②ホ ③ヘ ④ヒ ⑤ハ **2** ①ハ ②フ ③ヒ ④ホ **3** ①ハ ②フ ③ヒ ④ホ ⑤ヘ

MP3

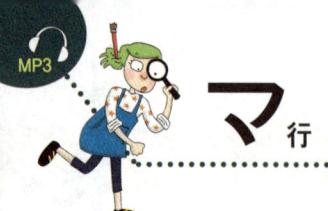

マ行

•「マ、ミ、ム、メ、モ」의 발음은 [ma, mi, mu, me, mo]로 표기한다.
우리말의 [마, 미, 므, 메, 모]와 비슷하다.

マ ma

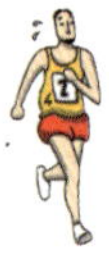

マラソン 마라톤

ミ mi

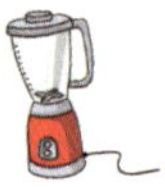

ミキサー 믹서

ム mu

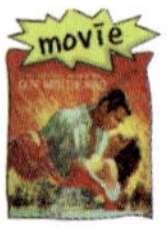

ムービー
영화

メ me

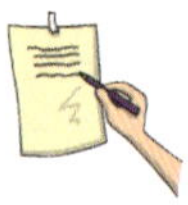

メモ 메모

モ mo

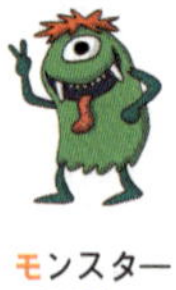

モンスター
몬스터(괴물)

- **マ** ラソン 마라톤
- **マ** ヨネーズ 마요네즈
- **マ** イカー 마이카
- **マ** レーシア 말레이시아
- **マ** ナー 매너
- **マ** ンション 아파트

- **ミ** ルクティー 밀크티
- **ミ** クロ 미크로
- **ミ** キサー 믹서
- **ミ** ス 실수
- **ミ** ッドナイト 미드나이트
- **ミ** ニカー 미니카

- **ム** ード 무드
- **ム** ービー 영화
- **ム** ーン 달
- **ム** スタング 무스탕
- **ム** ース 무스
- **ム** ーブメント 동작

- **メ** ンバー 멤버
- **メ** ッセージ 메시지
- **メ** モ 메모
- **メ** ニュー 메뉴
- **メ** キシコ 멕시코
- **メ** ール 메일

- **モ** デル 모델
- **モ** チーフ 모티브
- **モ** ラル 윤리
- **モ** ビル 모빌
- **モ** ンキー 원숭이
- **モ** ンスター 몬스터(괴물)

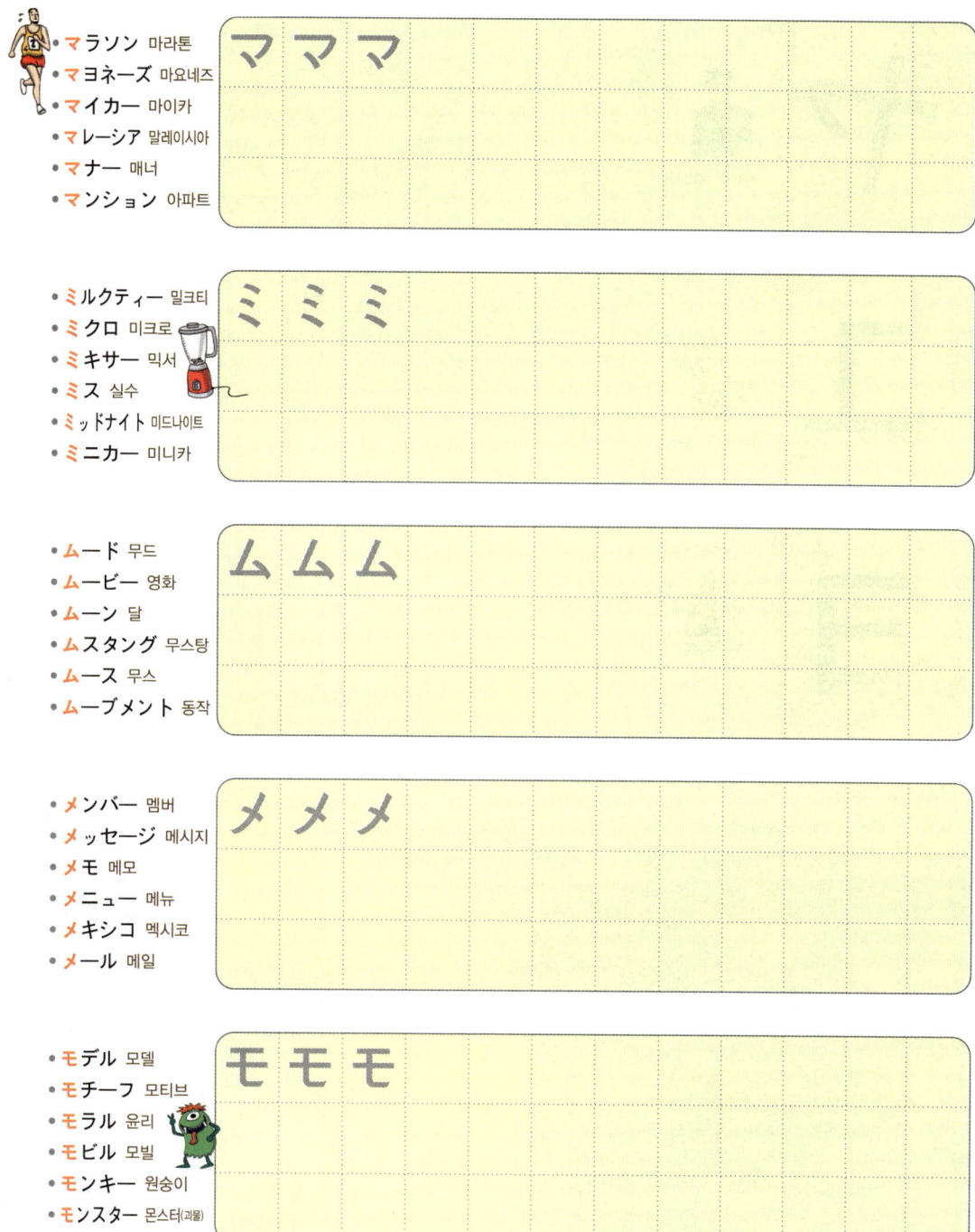

ヤ行

- 「ヤ、ユ、ヨ」의 발음은 [ya, yu, yo]로 표기한다. 우리말의 [야, 유, 요]와 비슷하다.

ヤ ya 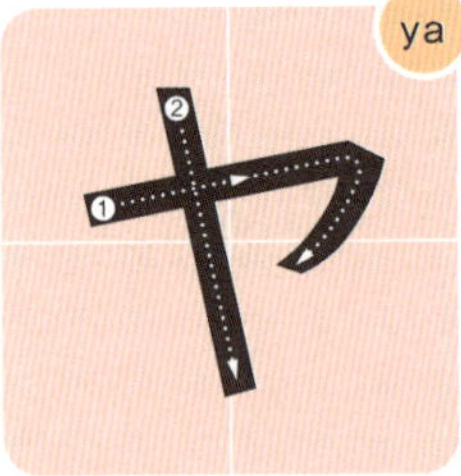 
ヤング 젊은이

ユ yu 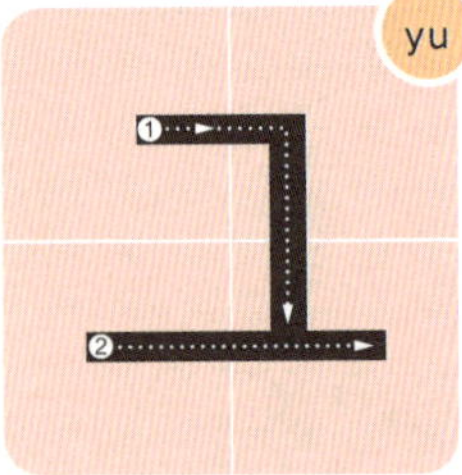 
ユーモア 유머

ヨ yo 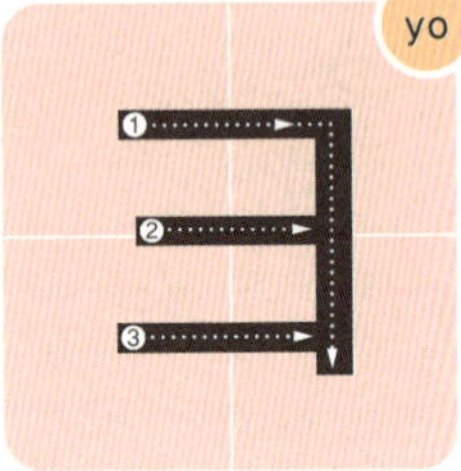 
ヨット 요트

- **ヤ**ード 야드
- **ヤ**ク 야크
- **ヤ**ム 얌(감자의 일종)
- **ヤ**ング 젊은이
- **ヤ**ッホー 야호
- **ヤ**ヌス 야누스

ヤ ヤ ヤ

- **ユ**ーザー 사용자
- **ユ**ーエフオー 유 에프 오(UFO)
- **ユ**ニホーム 유니폼
- **ユ**ーターン 유턴
- **ユ**ートピア 유토피아
- **ユ**ーモア 유머

ユ ユ ユ

- **ヨ**ット 요트
- **ヨ**ーグルト 요구르트
- **ヨ**ーロッパ 유럽
- **ヨ**ーガ 요가
- **ヨ**ーヨー 요요
- **ヨ**ーデル 요들

ヨ ヨ ヨ

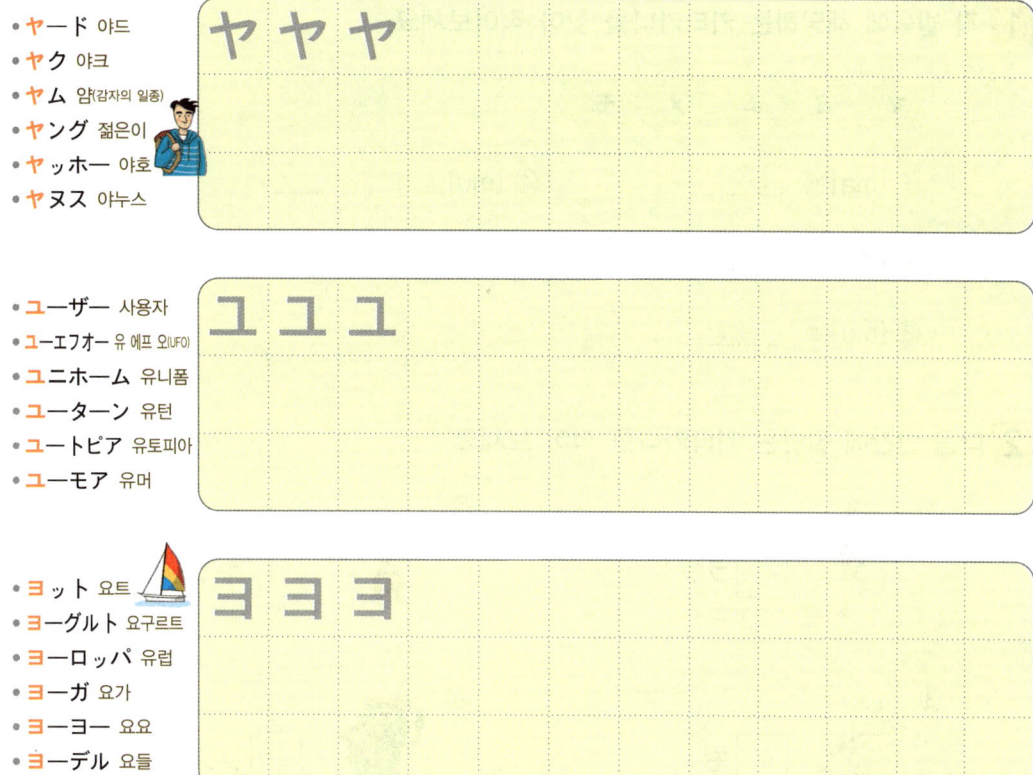

연습문제 マ行

1 각 발음에 해당하는 카타카나를 찾아 적어보세요.

| マ | ミ | ム | メ | モ |

① [ma] 마 .... ④ [mu] 무, 므 ....

② [me] 메 .... ⑤ [mi] 미 ....

③ [mo] 모 ....

2 다음 빈칸에 알맞은 카타카나를 적어 보세요.

①  ☐ラソン
마라톤

②  ☐キサー
믹서

③  ☐モ
메모

④  ☐ンスター
괴물

3 각 히라가나에 해당하는 카타카나를 찾아 보세요.

① ま •　　　　• ミ

② む •　　　　• モ

③ も •　　　　• ム

④ め •　　　　• メ

⑤ み •　　　　• マ

정답 : 1 ①マ ②メ ③モ ④ム ⑤ミ 2 ①マ ②ミ ③メ ④モ 3 ①マ ②ム ③モ ④メ ⑤ミ

 ヤ行

1 각 발음에 해당하는 카타카나를 찾아 적어보세요.

　　　　ヤ　ユ　ヨ

① [yo] 요 ....

② [ya] 야 ....

③ [yu] 유 ....

2 다음 빈칸에 알맞은 카타카나를 적어 보세요.

①  □ング
젊은이

②  □ーモア
유머

③  □ット
요트

④  □ニホーム
유니폼

3 각 히라가나에 해당하는 카타카나를 찾아 보세요.

① ゆ ・　　　　・ ヤ

② よ ・　　　　・ ヨ

③ や ・　　　　・ ユ

정답: 1 ①ヨ ②ヤ ③ユ　2 ①ヤ ②ユ ③ヨ ④ユ　3 ①ユ ②ヨ ③ヤ

ラ行

- 「ラ、リ、ル、レ、ロ」의 발음은 [ra, ri, ru, re, ro]로 표기한다. 우리말의 [라, 리, 르, 레, 로]와 비슷하다.

ra ラ
ラジオ 라디오

ri リ
リヤカー 리어커

ru ル
ルーム 룸

re レ
レース 레이스(경주)

ro ロ
ロケット 로켓

- **ラ**ジオ 라디오
- **ラ**ケット 라켓
- **ラ**スト 끝
- **ラ**ッキー 행운
- **ラ**ッシュアワー 러시아워
- **ラ**ンチ 점심

ラ ラ ラ

- **リ**ハーサル 리허설
- **リ**モコン 리모콘
- **リ**ヤカー 리어커
- **リ**スト 리스트
- **リ**スク 위험
- **リ**メーク 리메이크

リ リ リ

- **ル**ール 룰
- **ル**ーム 룸
- **ル**ーチン 루틴
- **ル**ート 루트
- **ル**ーラー 제도용 자
- **ル**ネッサンス 르네상스

ル ル ル

- **レ**ース 레이스(경주)
- **レ**ーダー 레이다
- **レ**ート 비율
- **レ**ール 레일
- **レ**コーダー 리코더
- **レ**コード 레코드

レ レ レ

- **ロ**ビー 로비
- **ロ**ケット 로켓
- **ロ**ッカー 로커
- **ロ**シア 러시아
- **ロ**ーン 론
- **ロ**ボット 로보트

ロ ロ ロ

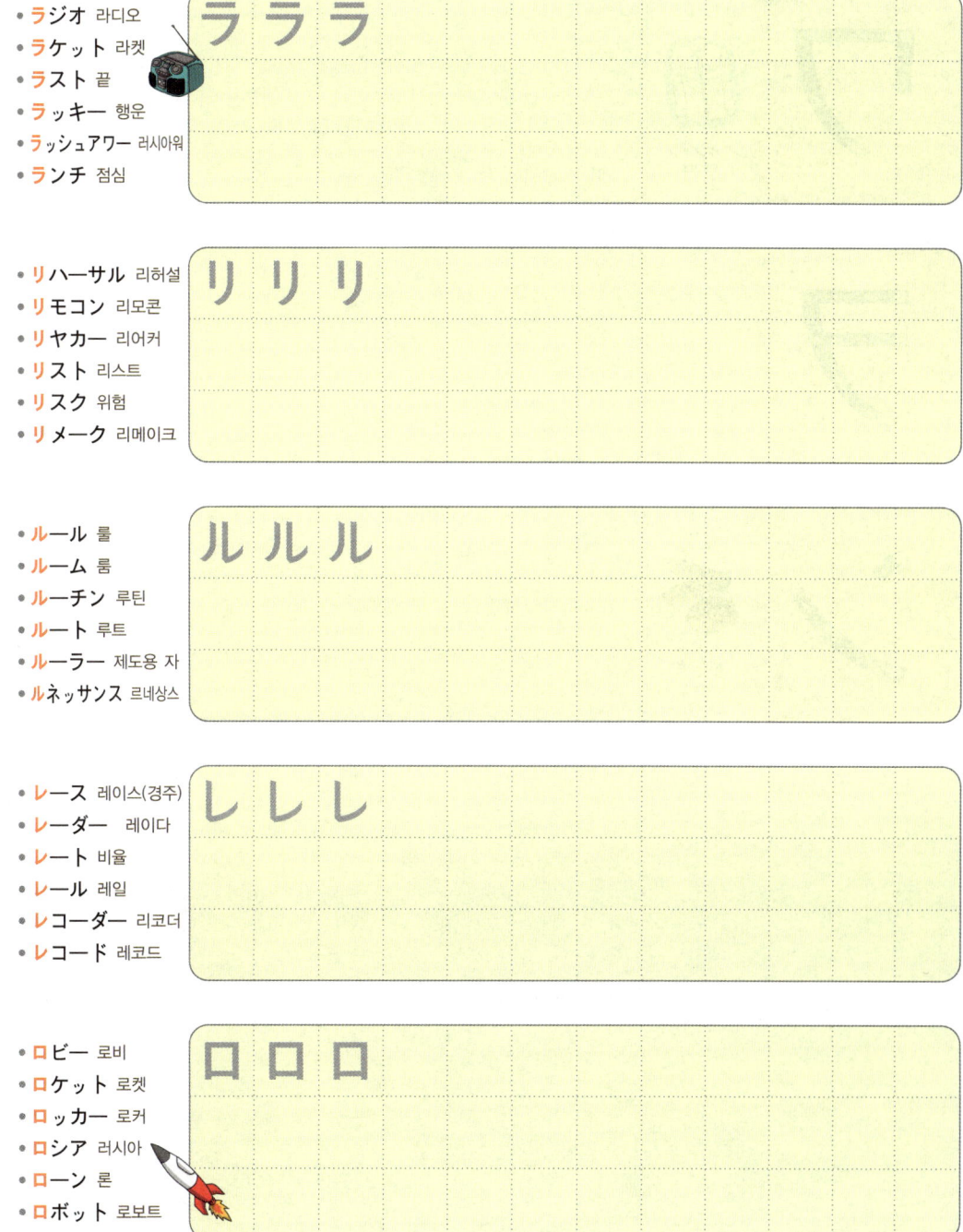

ワ行

- 「ワ」의 발음은 [wa]로 표기하며 우리말의 [와]와 비슷하다.
- 「ヲ」의 발음은 [wo]로 표기하며 「お」와 발음이 같다. 우리말의 [오]와 비슷하며 조사로만 쓰인다.
- 「ン」는 뒤에 오는 글자에 따라서 [m, n, ŋ, N]으로 발음이 달라진다.

ワ wa — ワイシャツ 와이셔츠

ヲ wo

ン n — パン 빵

- **ワ**ープロ 워드프로세스
- **ワ**イシャツ 와이셔츠
- **ワ**イヤ 철사
- **ワ**イン 와인
- **ワ**ンピース 원피스
- **ワ**ルツ 왈츠

ワ ワ ワ

ヲ ヲ ヲ

- パ**ン** 빵
- リボ**ン** 리본
- リムジ**ン**バス 리무진 버스
- ラーメ**ン** 라면
- ラ**ン**ク 랭크
- ラ**ン**ダム 랜덤(무작위)

ン ン ン

연습문제 ラ行

1 각 발음에 해당하는 카타카나를 찾아 적어보세요.

| ラ | リ | ル | レ | ロ |

① [ri] 리 .... ④ [ro] 로 ....

② [ru] 루, 르 .... ⑤ [ra] 라 ....

③ [re] 레 ....

2 다음 빈칸에 알맞은 카타카나를 적어 보세요.

① 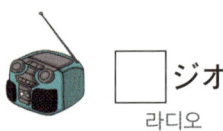 ☐ジオ
라디오

②  ☐ーム
룸(방)

③  ☐ース
레이스(경주)

④  ☐ケット
로켓

3 각 히라가나에 해당하는 카타카나를 찾아 보세요.

① る •   • ラ

② れ •   • リ

③ ろ •   • レ

④ ら •   • ル

⑤ り •   • ロ

정답: **1** ①リ ②ル ③レ ④ロ ⑤ラ **2** ①ラ ②ル ③レ ④ロ **3** ①ル ②レ ③ロ ④ラ ⑤リ

ワ 行

1 각 발음에 해당하는 카타카나를 찾아 적어보세요.

　　　ワ　ヲ　ン

① [wo] 오　..................

② [wa] 와　..................

③ [n] ㄴ, ㅁ, ㅇ　..................

2 다음 빈칸에 알맞은 카타카나를 적어 보세요.

①  □イシャツ
와이셔츠

②  □ンピース
원피스

③  リムジ□バス
리무진 버스

④  パ□
빵

3 각 히라가나에 해당하는 카타카나를 찾아 보세요.

① を・　　　　・ワ

② ん・　　　　・ヲ

③ わ・　　　　・ン

정답 : 1 ①ヲ ②ワ ③ン 2 ①ワ ②ワ ③ン ④ン 3 ①ヲ ②ン ③ワ

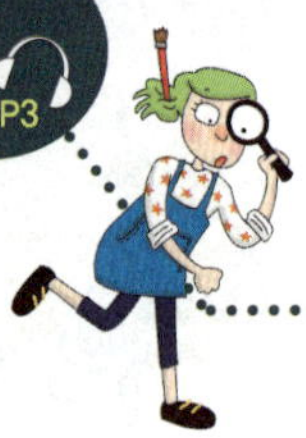

MP3

ガ行

- 「カ」행 글자에 탁점(゛)을 붙인 탁음(濁音)으로 「ガ、ギ、グ、ゲ、ゴ」이다. 우리말의 [가, 기, 그, 게, 고]와 비슷한 유성음이다.

ガ

ga

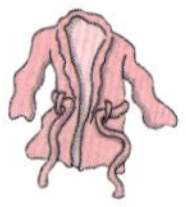

ガウン 가운

ギ

gi

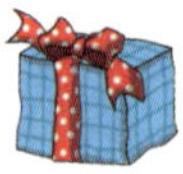

ギフト 선물

グ

gu

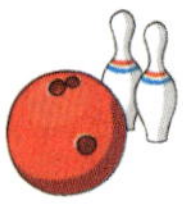

ボウリング 볼링

ゲ

ge

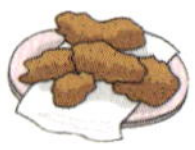

チキンナゲット 치킨너겟

ゴ

go

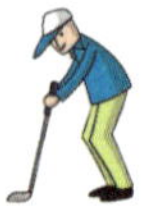

ゴルフ 골프

- **ガ**ム 껌
- **ガ**ス 가스
- **ガ**イド 가이드
- **ガ**ウン 가운
- **ガ**ーデン 가든
- **ガ**ード 가드(경비)

ガ ガ ガ

- **ギ**リシャ 그리스
- **ギ**ア 기어
- **ギ**ミック 기믹
- **ギ**ブアップ 기브업
- **ギ**ブス 깁스
- **ギ**フト 선물

ギ ギ ギ

- **グ**ループ 그룹
- **グ**ローブ 글러브
- **グ**ローバル 글로벌
- **グ**ラウンド 그라운드
- タイミン**グ** 타이밍
- ボウリン**グ** 볼링

グ グ グ

- **ゲ**ート 게이트
- **ゲ**ーム 게임
- **ゲ**ージ 게이지
- **ゲ**イ 게이
- **ゲ**リラ 게릴라
- チキンナ**ゲ**ット 치킨너겟

ゲ ゲ ゲ

- **ゴ**ム 고무
- **ゴ**ルフ 골프
- **ゴ**ール 골
- **ゴ**シップ 가십
- **ゴ**シック 고딕
- **ゴ**ースト 고스트

ゴ ゴ ゴ

ザ 行

- 「サ」행 글자에 탁점(゛)을 붙인 탁음(濁音)으로 「ザ、ジ、ズ、ゼ、ゾ」이다.
  우리말의 [자, 지, 즈, 제, 조]와 비슷한 유성음이다.

ザ za — ザクロ 석류
一 ナ サ ザ ザ

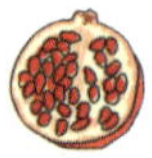

ジ zi — スタジアム 스타디움
゛ ゛ シ ジ ジ

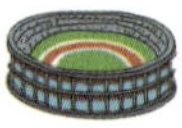

ズ zu — レンズ 렌즈
フ ス ズ ズ

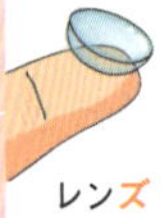

ゼ ze — ゼリー 젤리
ㄱ セ ゼ ゼ

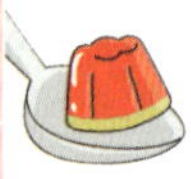

ゾ zo — リゾート 피서지
゛ ソ ゾ ゾ

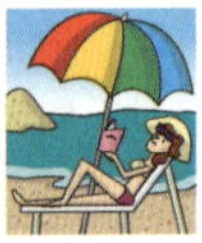

- **ザ**イン 자인(존재)
- **ザ**クロ 석류
- **ザ**ッツオール That's all.
- **ザ**ッツライト That's right.
- **ザ**ボン 잼보아
- サ**ザ**ンクロス 남십자성

ザ ザ ザ

- **ジ**レンマ 딜레마
- **ジ**ーパン 청바지
- スタ**ジ**アム 스타디움
- マー**ジ**ン 마진
- イメー**ジ** 이미지
- スタ**ジ**オ 스튜디오

ジ ジ ジ

- **ズ**ボン 바지
- ジャ**ズ** 재즈
- グッ**ズ** 상품
- レン**ズ** 렌즈
- リ**ズ**ム 리듬

ズ ズ ズ

- **ゼ**ロ 제로
- **ゼ**ット 제트(Z)
- **ゼ**ネラル 제너럴
- **ゼ**ラチン 젤라틴
- **ゼ**ロックス 제록스
- **ゼ**リー 젤리

ゼ ゼ ゼ

- **ゾ**ーン 존(구역)
- **ゾ**ンデ 존데
- **ゾ**ル 졸(콜로이드 용액)
- **ゾ**ンビ 좀비
- リ**ゾ**ート 리조트
- オ**ゾ**ン 오존

ゾ ゾ ゾ

ダ行

- 「タ」행 글자에 탁점(ﾞ)을 붙인 탁음(濁音)으로 「ダ、ヂ、ヅ、デ、ド」이다.
  우리말의 [다, 지, 즈, 데, 도]와 비슷한 유성음이다.

ダ da — ノ ク タ ダ ダ
ダック 덕(오리)

ヂ zi — ´ ニ チ ヂ ヂ

ヅ zu — ´ ヽ ツ ヅ ヅ

デ de — 一 二 テ デ デ
スチュワーデス 스튜어디스

ド do — l ト ド ド
ドール 돌(인형)

- **ダ**ンス 댄스
- **ダ**イヤル 다이얼
- **ダ**ブル 더블
- **ダ**ウンタウン 다운타운
- **ダ**ック 덕(오리)
- **ダ**メージ 대미지(손해)

ダ ダ ダ

チ チ チ

ヅ ヅ ヅ

- **デ**ザイン 디자인
- **デ**ザート 디저트
- **デ**パート 백화점
- **デ**ビュー 데뷔
- **デ**メリット 결점
- スチュワー**デ**ス 스튜어디스

デ デ デ

- **ド**ア 문
- **ド**ル 달러
- **ド**イツ 독일
- **ド**ーピング 도핑
- **ド**ール 돌(인형)
- **ド**キュメンタリー 다큐멘터리

ド ド ド

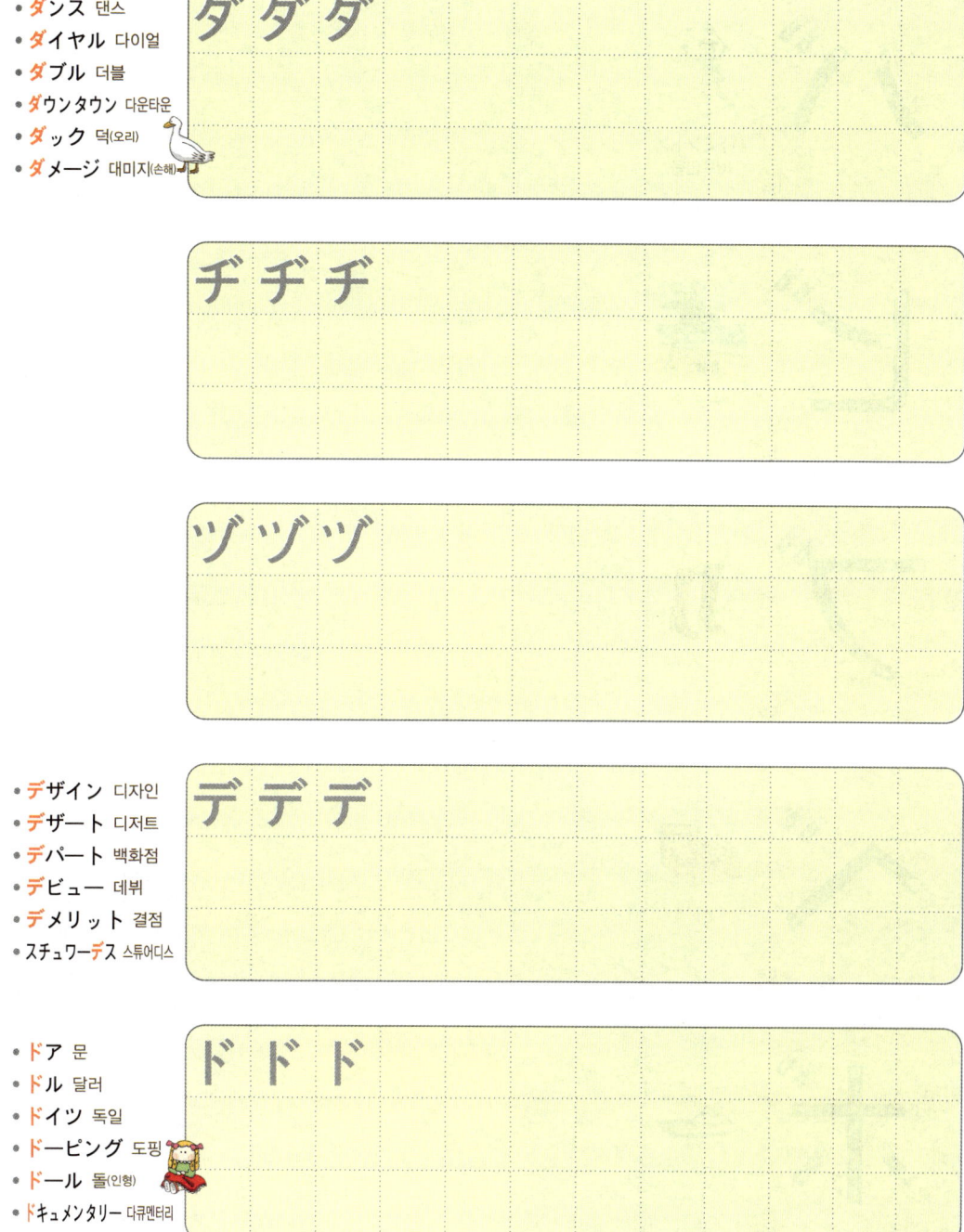

バ行

- 「ハ」행 글자에 탁점(゛)을 붙인 탁음(濁音)으로 「バ、ビ、ブ、ベ、ボ」이다.
  우리말의 [바, 비, 브, 베, 보]와 비슷한 유성음이다.

バ ba — バドミントン 배드민턴
ノ ハ バ バ

ビ bi — ビーチ 해변
ー ヒ ビ ビ

ブ bu — ブーツ 부츠
フ ブ ブ

ベ be — ベット 침대
ヘ ベ ベ

ボ bo — ボート 보트
一 十 オ ホ ボ ボ

- **バ**ター 버터
- **バ**ドミントン 배드민턴
- **バ**ス 버스
- **バ**ラ 장미
- **バ**ナナ 바나나
- アル**バ**イト 아르바이트

バ　バ　バ

- **ビ**ザ 비자
- **ビ**ラ 전단
- **ビ**ル 빌딩
- **ビ**ール 맥주
- **ビ**ーフ 비프
- **ビ**ーチ 해변

ビ　ビ　ビ

- **ブ**ラジル 브라질
- **ブ**ランド 상표
- **ブ**ザー 버저(초인종)
- **ブ**ーツ 부츠
- **ブ**タンガス 부탄가스
- **ブ**ティック 부티크

ブ　ブ　ブ

- **ベ**トナム 베트남
- **ベ**ルト 벨트
- **ベ**ット 침대
- **ベ**ア 곰
- **ベ**ンダー 벤더
- **ベ**スト 베스트

ベ　ベ　ベ

- **ボ**タン 버튼
- **ボ**ール 공
- **ボ**ート 보트
- **ボ**イコット 보이콧
- **ボ**イス 목소리
- **ボ**イジャー 항해자

ボ　ボ　ボ

パ行

- 「ハ」행 글자에 반탁점(˚)을 붙인 반탁음(半濁音)으로 「パ、ピ、プ、ペ、ポ」이다. 우리말의 [파, 피, 프, 페, 포]와 비슷하다.

パ pa — パーク 공원 — ノ ハ パ

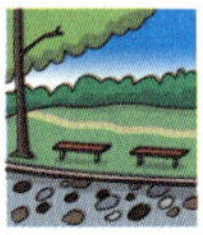

ピ pi — ピアノ 피아노 — ー ヒ ピ

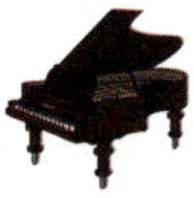

プ pu — プール 수영장 — フ プ

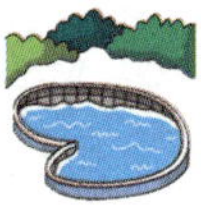

ペ pe — シャンペン 샴페인 — ヘ ペ

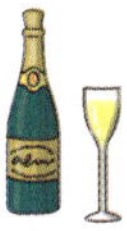

ポ po — ポータブル 휴대용 — ー 十 オ ホ ポ

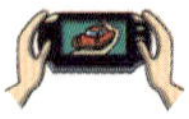

- パイロット 파일럿
- パソコン PC
- パーマ 파마
- パーキング 주차
- パーク 공원
- パーシャル 파셜(부분임)

パ パ パ

- ピアノ 피아노
- ピン 핀
- ピーアール PR(선전활동)
- ピーク 피크
- ピース 피스(평화)
- スピード 스피드

ピ ピ ピ

- プール 수영장
- プラス 플러스
- プレゼント 선물
- プロポーズ 프로포즈
- サンプル 샘플
- リップサービス 입에 발린 말

プ プ プ

- ページ 페이지
- ペア 페어(한쌍)
- ペンキ 페인트
- ペンダント 펜던트
- オペラ 오페라
- シャンペン 샴페인

ペ ペ ペ

- ポイント 포인트
- ポイズン 독
- ポエム 포엠(시)
- ポーカー 포커
- ポーター 포터(짐꾼)
- ポータブル 휴대용

ポ ポ ポ

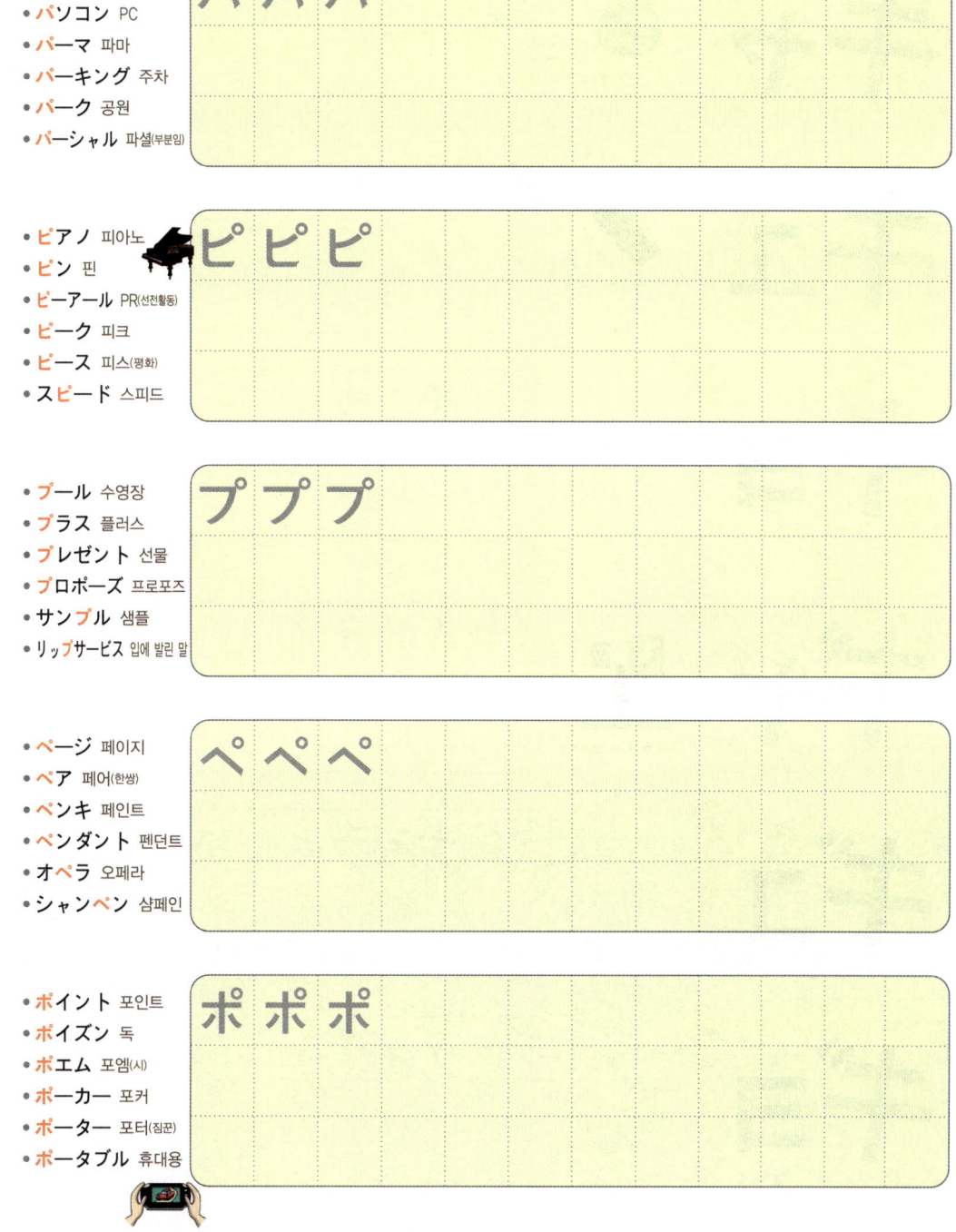

요음

- 「キ、ギ」글자에 「ャ、ュ、ョ」를 붙여서 표기한 것으로 한박자 발음이다.

キャ kya
キャベツ 양배추
キャ キャ キャ

キュ kyu
バーベキュー 바비큐
キュ キュ キュ

キョ kyo
キョ キョ キョ

ギャ gya
ギャラリー 갤러리
ギャ ギャ ギャ

ギュ gyu
ギュ ギュ ギュ

ギョ gyo
ギョーザ 중국식만두
ギョ ギョ ギョ

- **キャ**ベツ 양배추
- **キャ**スター 캐스터
- **キャ**スト 배역
- **キャ**ディー 캐디
- **キャ**ップ 캡
- **キャ**ピタル 캐피털

キャ キャ キャ

- **キュ**ーバ 쿠바
- **キュ**ーピッド 큐핏(Cupid, 사랑의 신)
- **キュ**ーブシュガー 각설탕
- **キュ**ート 귀여운
- **キュ**ービック 큐빅
- バーベ**キュ**ー 바비큐

キュ キュ キュ

キョ キョ キョ

- **ギャ**グ 개그
- **ギャ**ンブル 갬블(도박)
- **ギャ**ップ 갭
- **ギャ**ラリー 갤러리
- **ギャ**ランティー 개런티
- **ギャ**ング 갱

ギャ ギャ ギャ

- レ**ギュ**ラー 레귤러
- レ**ギュ**ラーメンバー 레귤러 멤버

ギュ ギュ ギュ

ギョ ギョ ギョ

- **ギョ**ーザ 중국식만두

111

요음

- 「シ、ジ」글자에 「ャ、ュ、ョ」를 붙여서 표기한 것으로 한박자 발음이다.

シャ sha

シャーベット 셔벗

シャ	シャ	シャ			

シュ shu

シュークリーム
슈크림

シュ	シュ	シュ			

ショ sho

ショーウィンドー
쇼윈도

ショ	ショ	ショ			

ジャ zya

ジャガー 재규어(표범)

ジャ	ジャ	ジャ			

ジュ zyu

ジューサー
과일즙을 짜는 기구

ジュ	ジュ	ジュ			

ジョ zyo

ジョギング 조깅

ジョ	ジョ	ジョ			

- **シャ**ープ 샤프
- **シャ**ーベット 셔벳
- **シャ**マニズム 샤머니즘
- **シャ**ッター 셔터
- **シャ**フト 샤프트
- **シャ**ワー 샤워

シャ	シャ	シャ

- **シュ**ークリーム 슈크림
- **シュ**ーズ 슈즈
- **シュ**ガー 설탕
- **シュ**リンプ 슈림프
- **シュ**ミーズ 슈미즈
- ロング**シュ**ート 롱슛

シュ	シュ	シュ

- **ショ**ーウィンドー 쇼윈도
- **ショ**ットガン 쇼트건
- **ショ**ーマンシップ 쇼맨십
- **ショ**ール 숄
- **ショ**ック 쇼크
- **ショ**ッピング 쇼핑

ショ	ショ	ショ

- **ジャ**ガー 재규어(표범)
- **ジャ**ーナリスト 저널리스트
- **ジャ**ーナル 저널
- **ジャ**マイカ 자마이카
- **ジャ**ム 잼
- **ジャ**ケット 자켓

ジャ	ジャ	ジャ

- **ジュ**ニア 주니어
- **ジュ**ーサー 과일즙을 짜는 기구
- **ジュ**ース 쥬스
- **ジュ**ピター 쥬피터
- **ジュ**リー 주어리(배심원)
- **ジュ**ライ 7월

ジュ	ジュ	ジュ

- **ジョ**イ 조이
- **ジョ**イント 조인트
- **ジョ**ーク 조크
- **ジョ**ッキ 손잡이 달린 맥주잔
- **ジョ**ギング 조깅
- **ジョ**ブ 잡(직업)

ジョ	ジョ	ジョ

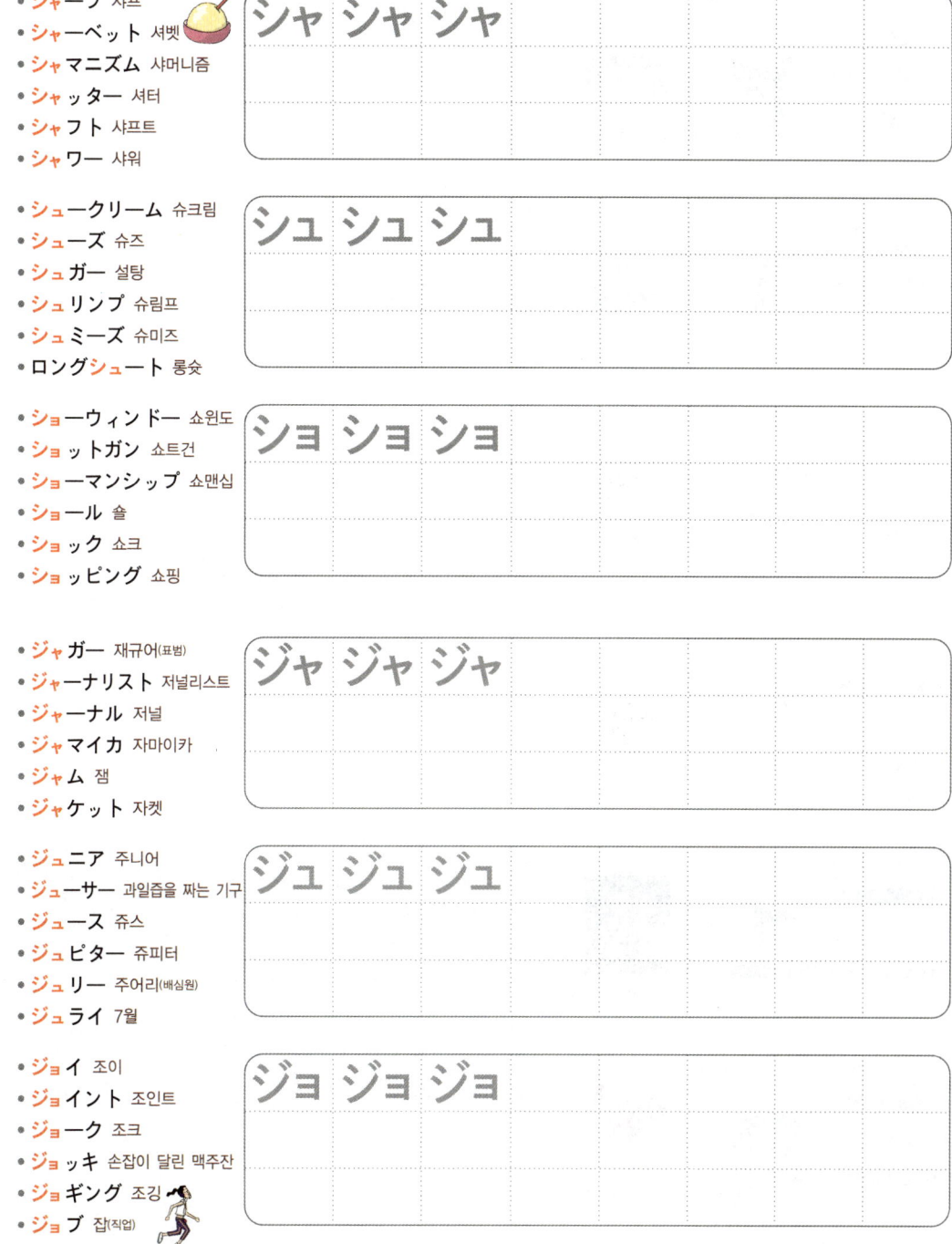

요음

- 「チ、ニ」글자에 「ャ、ュ、ョ」를 붙여서 표기한 것으로 한박자 발음이다.

チャ cha
チャーチ 교회
チャ チャ チャ

チュ chu
チューブ 튜브
チュ チュ チュ

チョ cho
チョゴリ 저고리
チョ チョ チョ

ニャ nya
コニャック 코냑
ニャ ニャ ニャ

ニュ nyu
ニューヨーク 뉴욕
ニュ ニュ ニュ

ニョ nyo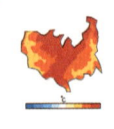
エルニーニョ 엘니뇨
ニョ ニョ ニョ

- **チャ**ーハン 볶음밥
- **チャ**ーター 전세비행기
- **チャ**ート 차트
- **チャ**ーミング 매력적
- **チャ**ーチ 교회
- **チャ**イナタウン 차이나타운

チャ チャ チャ

- **チュ**ーズデー 화요일
- **チュ**ーナー 튜너
- **チュ**ーブ 튜브
- **チュ**ーター 튜터
- **チュ**ーニング 튜닝(악기조율)
- **チュ**ーバ 튜바(대형나팔)

チュ チュ チュ

- **チョ**ンガー 총각
- **チョ**ッキ 조끼
- **チョ**イス 초이스
- **チョ**ーク 분필
- **チョ**コレート 초콜릿
- **チョ**ゴリ 저고리

チョ チョ チョ

ニャ ニャ ニャ

- コ**ニャ**ック 코냑

- **ニュ**ース 뉴스
- **ニュ**アンス 뉘앙스
- **ニュ**ータウン 뉴타운
- **ニュ**ーヨーク 뉴욕
- **ニュ**ーギニア 뉴기니
- **ニュ**ーフェース 뉴페이스

ニュ ニュ ニュ

ニョ ニョ ニョ

- エルニー**ニョ** 엘니뇨

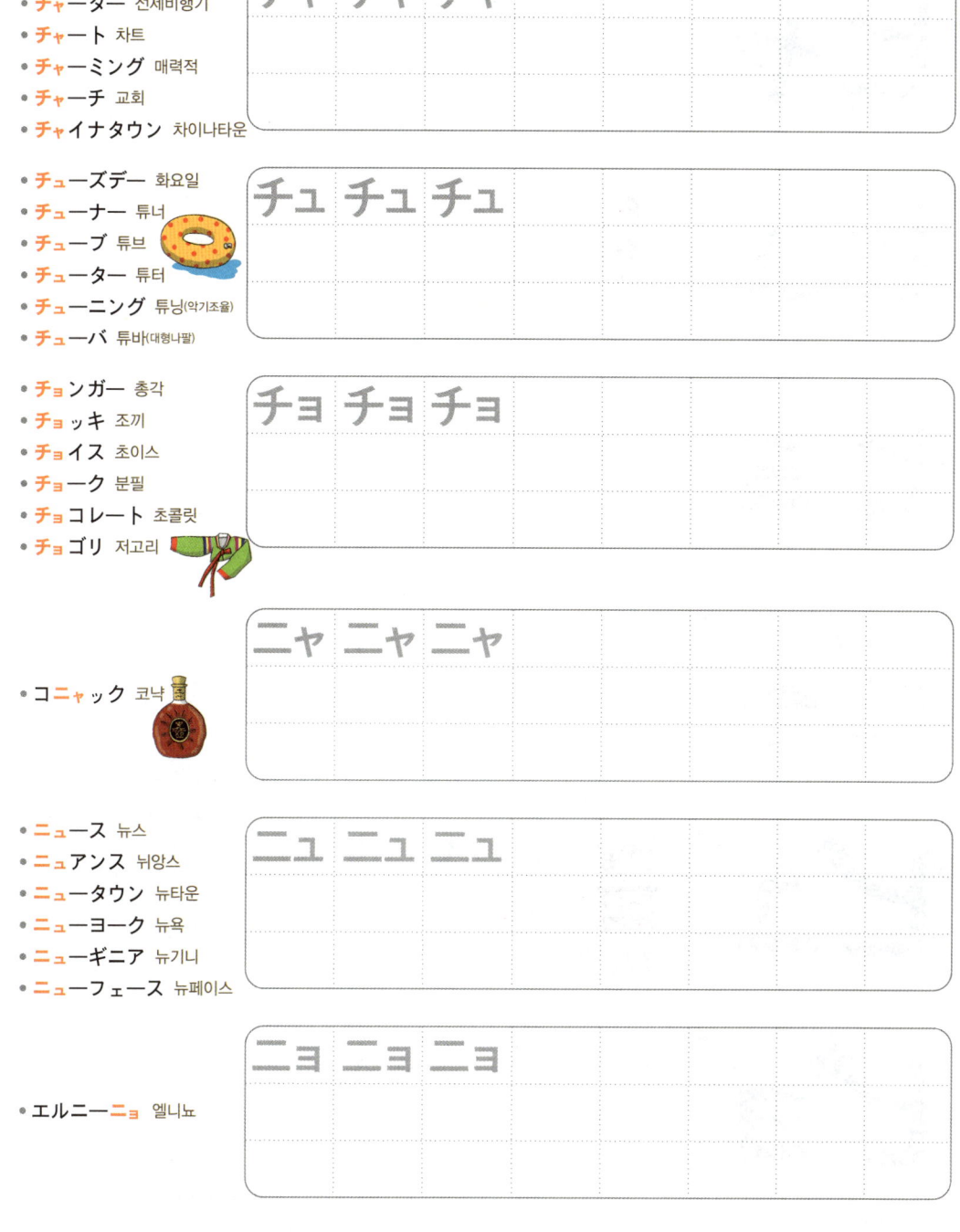

요음

- 「ヒ、ビ」글자에 「ャ、ュ、ョ」를 붙여서 표기한 것으로 한박자 발음이다.

 hya

ヒャ	ヒャ	ヒャ			

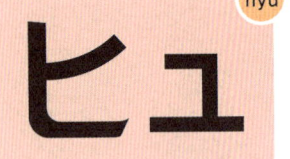 hyu

ヒューマン 휴먼

ヒュ	ヒュ	ヒュ			

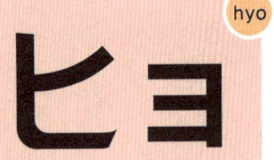 hyo

ヒョ	ヒョ	ヒョ			

 bya

ビャ	ビャ	ビャ			

 byu

ビューティーサロン
뷰티 살롱

ビュ	ビュ	ビュ			

 byo

ビョ	ビョ	ビョ			

| ヒャ | ヒャ | ヒャ | | | | |

- **ヒューズ** 퓨즈
- **ヒューマニズム** 휴머니즘
- **ヒューマン** 휴먼

| ヒュ | ヒュ | ヒュ | | | | |

| ヒョ | ヒョ | ヒョ | | | | |

| ビャ | ビャ | ビャ | | | | |

- **ビューアー** 뷰어
- **ビューティーサロン** 뷰티 살롱
- **ビューロー** 뷰로
- **ビューレット** 뷰렛(눈금 유리관)
- **インタビュー** 인터뷰

| ビュ | ビュ | ビュ | | | | |

| ビョ | ビョ | ビョ | | | | |

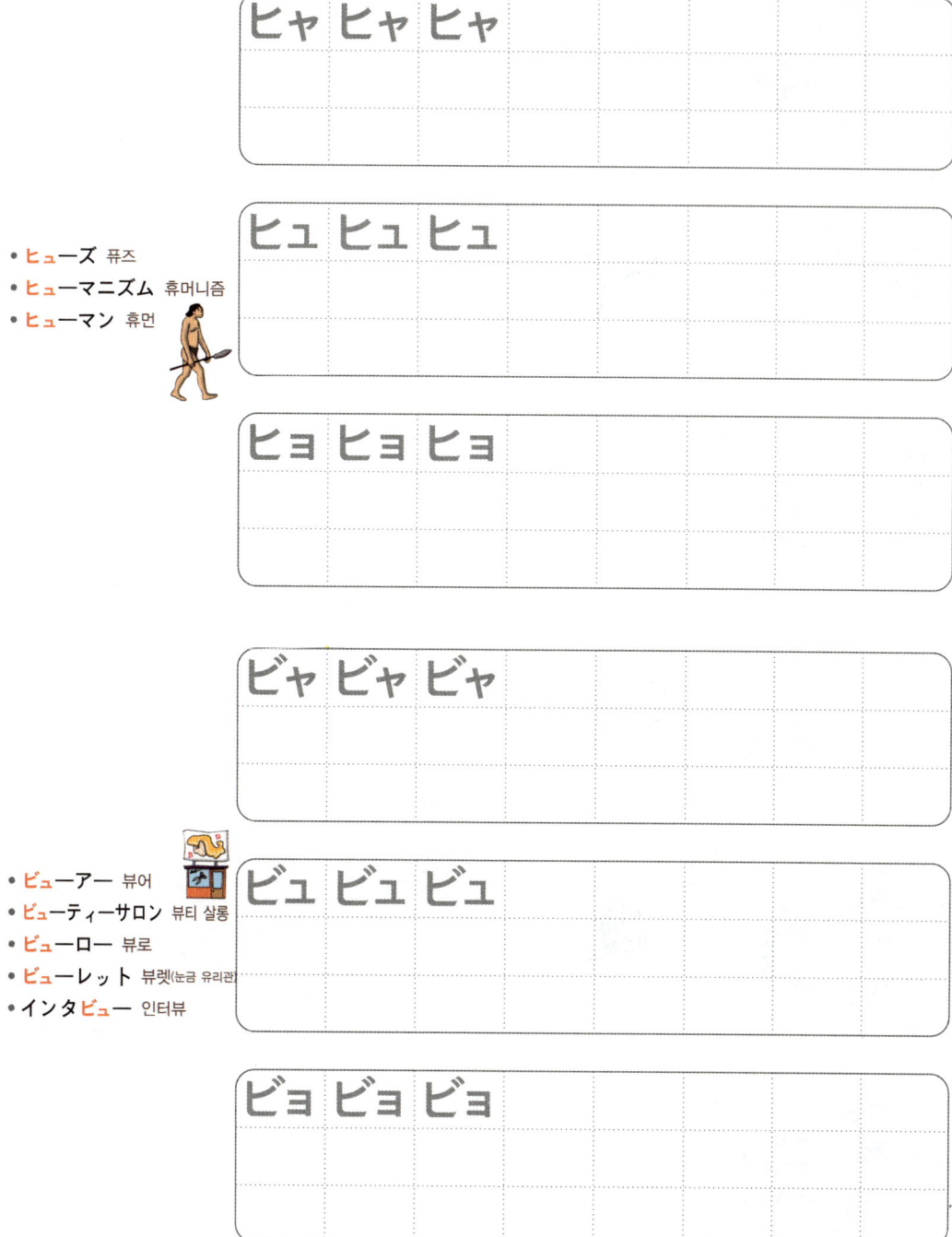

요음

- 「ピ, ミ」글자에 「ャ, ュ, ョ」를 붙여서 표기한 것으로 한박자 발음이다.

 pya

ピャ ピャ ピャ

 pyu

ピュ ピュ ピュ

ピューマ 퓨마

 pyo

ピョ ピョ ピョ

 mya

ミャ ミャ ミャ

ミャンマー 미얀마

 myu

ミュ ミュ ミュ

ミュージアム 박물관

 myo

ミョ ミョ ミョ

	ピャ ピャ ピャ

- ピューマ 퓨마
- ピューリタン 퓨리턴(청교도)
- ピュア 퓨어
- トマトピューレー 토마토 퓨레

ピュ ピュ ピュ

ピョ ピョ ピョ

ミャ ミャ ミャ

- ミャンマー 미얀마

- ミューズ 뮤즈
- ミュート 뮤트
- ミュンヘン 뮌헨
- ミュージアム 박물관
- ミュージカル 뮤지컬
- ダンスミュージック 댄스 음악

ミュ ミュ ミュ

ミョ ミョ ミョ

요음, 촉음

- 요음 : 「リ」글자에 「ャ, ュ, ョ」를 붙여서 표기한 것으로 한박자 발음이다.
- 촉음 : 「ッ」로 표기하는 것으로 뒤에 오는 글자에 따라 [k, s, t, p]로 발음이 달라진다.

リャ (rya)

リャ	リャ	リャ			

リュ (ryu)

 リュックサック 배낭

リュ	リュ	リュ			

リョ (ryo)

リョ	リョ	リョ			

ッ (k,s,t,p)

 ジッパー 지퍼

ッ	ッ	ッ			

リャ	リャ	リャ					

- **リュ**ート 루트 (현악기의 하나)
- **リュ**ーマチ 류머티즘
- **リュ**ックサック 배낭

リュ	リュ	リュ					

リョ	リョ	リョ					

- チッブ 팁
- リットル 리터
- キャッチ 캐치
- キックボール 킥볼
- レッスン 레슨
- ジッパー 지퍼

ッ	ッ	ッ					

카타카나 받아쓰기

↓ 행(모음)　→ 단(자음)

행＼단	a단	i단	u단	e단	o단
a행					
ka행					
sa행					
ta행					
na행					
ha행					
ma행					
ya행					
ra행					
wa행					
	n				

알아두기

숫자

숫자	읽기	숫자	읽기
1개	ひとつ 히토쯔	6개	むっつ 뭍-쯔
2개	ふたつ 후타쯔	7개	ななつ 나나쯔
3개	みっつ 밑-쯔	8개	やっつ 얕-쯔
4개	よっつ 욭-쯔	9개	ここのつ 코코노쯔
5개	いつつ 이쯔쯔	10개	とお 토-
		몇개	いくつ 이쿠쯔

요일 및 날짜

일요일 にちようび 니찌요-비	월요일 げつようび 게쯔요-비	화요일 かようび 카요-비	수요일 すいようび 스이요-비	목요일 もくようび 모쿠요-비	금요일 きんようび 킨요-비	토요일 どようび 도요-비
1일 ついたち 쯔이타찌	2일 ふつか 후쯔카	3일 みっか 밐카	4일 よっか 욕카	5일 いつか 이쯔카	6일 むいか 무이카	7일 なのか 나노카
8일 ようか 요-카	9일 ここのか 코코노카	10일 とおか 토-카	11일 じゅういちにち 쥬-이찌니찌	12일 じゅうににち 쥬-니니찌	13일 じゅうさんにち 쥬-산니찌	14일 じゅうよっか 쥬-욕카
15일 じゅうごにち 쥬-고니찌	16일 じゅうろくにち 쥬-로쿠니찌	17일 じゅうしちにち 쥬-시찌니찌	18일 じゅうはちにち 쥬-하찌니찌	19일 じゅうくにち 쥬-쿠니찌	20일 はつか 하쯔카	21일 にじゅういちにち 니쥬-이찌니찌
22일 にじゅうににち 니쥬-니니찌	23일 にじゅうさんにち 니쥬-산니찌	24일 にじゅうよっか 니쥬-욕카	25일 にじゅうごにち 니쥬-고니찌	26일 にじゅうろくにち 니쥬-로쿠니찌	27일 にじゅうしちにち 니쥬-시찌니찌	28일 にじゅうはちにち 니쥬-하찌니찌
29일 にじゅうくにち 니쥬-쿠니찌	30일 さんじゅうにち 산쥬-니찌	31일 さんじゅういちにち 산쥬-이찌니찌				

알아두기

가족명칭

	남의 가족(ごかぞく)	나의 가족(かぞく)
할아버지	おじいさん 오지-상	そふ 소후
할머니	おばあさん 오바-상	そぼ 소보
아버지	おとうさん 오토-상	ちち 찌찌
어머니	おかあさん 오카-상	はは 하하
부모님	ごりょうしん 고료-신	りょうしん 료-신
형/오빠	おにいさん 오니-상	あに 아니
누나/언니	おねえさん 오네-상	あね 아네
남동생	おとうとさん 오토-토상	おとうと 오토-토
여동생	いもうとさん 이모-토상	いもうと 이모-토
형제	ごきょうだい 고쿄-다이	きょうだい 쿄-다이
아들	むすこさん 무스코상	むすこ 무스코
딸	むすめさん 무스메상	むすめ 무스메
자녀	おこさん 오코상	こども 코도모
남편	ごしゅじん 고슈진	しゅじん 슈진
아내	おくさん 옥상	かない・つま 카나이・쯔마
손주	おまごさん 오마고상	まご 마고

한방에 끝내는 なるほど 일본어 펜맨십

한방에 끝내는 なるほど 일본어 펜맨십

한방에 끝내는 なるほど 일본어 펜맨십

한방에 끝내는 なるほど 일본어 펜맨십